Contra o
feminismo branco

Contra o feminismo branco

RAFIA ZAKARIA

Tradução de
Solaine Chioro e Thaís Britto

Copyright © 2021 by Rafia Zakaria

TÍTULO ORIGINAL
Against White Feminism: Notes on Disruption

PREPARAÇÃO
Camilla Savoia

PROJETO GRÁFICO
Gabriela Pires

REVISÃO
Dandara Morena
Rayana Faria

DIAGRAMAÇÃO
Ilustrarte Design e Produção
Editorial

LEITURA SENSÍVEL
Victória Lane

CIP-BRASIL. CATALOGAÇÃO NA PUBLICAÇÃO
SINDICATO NACIONAL DOS EDITORES DE LIVROS, RJ

Z25c

    Zakaria, Rafia, 1978-
        Contra o feminismo branco / Rafia Zakaria ; tradução Solaine Chioro, Thaís Britto. - 1. ed. - Rio de Janeiro : Intrínseca, 2021.
    304 p. ; 21 cm.

    Tradução de: Against white feminism
    Inclui índice
    ISBN 978-65-5560-323-1

        1. Direitos das mulheres - Aspectos morais e éticos. 2. Feminismo. 3. Feminismo - Aspectos morais e éticos. 4. Feministas brancas - Aspectos morais e éticos. I. Chioro, Solaine. II. Britto, Thaís. III. Título.

21-72633

CDD: 305.42
CDU: 141.72

Meri Gleice Rodrigues de Souza - Bibliotecária - CRB-7/6439

[2021]
Todos os direitos desta edição reservados à
EDITORA INTRÍNSECA LTDA.
Rua Marquês de São Vicente, 99, 6º andar
22451-041 – Gávea
Rio de Janeiro – RJ
Tel./Fax: (21) 3206-7400
www.intrinseca.com.br

*Para Rania,
minha estrela brilhante e iluminada*

Sumário

8   Nota da tradução

10   Nota da autora

13   **INTRODUÇÃO**
      Em um bar de vinhos, um grupo de feministas

31   **CAPÍTULO UM**
      No princípio, havia as mulheres brancas

53   **CAPÍTULO DOIS**
      A solidariedade é uma mentira?

83   **CAPÍTULO TRÊS**
      O complexo industrial do salvador branco e a feminista ingrata de pele marrom

109   **CAPÍTULO QUATRO**
      Feministas brancas e guerras feministas

143   **CAPÍTULO CINCO**
      Liberação sexual é empoderamento feminino

187 **CAPÍTULO SEIS**
Crimes de honra, MGF e supremacia feminista branca

221 **CAPÍTULO SETE**
"Eu construí um templo feminista branco"

237 **CAPÍTULO OITO**
Da desconstrução à reconstrução

269 **CONCLUSÃO**
Sobre medo e futuros

275   **Agradecimentos**

277   **Notas**

291   **Índice**

Nota da tradução

Traduzir livros com temas contemporâneos — como o feminismo branco — apresenta desafios específicos. Há muitas pesquisas e debates sobre temas como feminismos, interseccionalidade, antirracismo e branquitude sendo realizados, e todos os dias surgem novos conceitos e palavras para designar determinadas ideias. Estamos lendo e escrevendo sobre esses assuntos à medida em que as discussões avançam e, por isso, ao mesmo tempo que é lindo acompanhar tanto conhecimento sendo produzido, também é difícil sistematizá-lo, porque a linguagem é peça-chave nessas discussões, e idiomas diferentes têm tempos e contextos sociais diferentes. Uma expressão usada hoje talvez já esteja ultrapassada daqui a dois anos, ou talvez não tenha o mesmo sentido em outra língua, e é nesse contexto de mudanças intensas que nos encontramos na tradução e edição deste livro.

Um claro exemplo disso é o termo "de cor" que aparece em nossa tradução. Em inglês, "of color" é usado para designar de forma abrangente pessoas de diferentes raças e etnias que não a branca, de maneira que a branquitude não seja o referente central. É um termo político, cunhado na luta pelo direito à autodefinição, e amplamente utilizado nos debates feministas, pós-coloniais e antirracistas para se referir à experiência coletiva e racializada de determinados grupos. Embora o termo "de cor" em português ainda não seja popularmente utilizado no mesmo contexto, tendo recebido uma carga depreciativa, historicamente foi usado por ativistas antirracistas brasileiros e nomeou algumas organizações negras no passado. Assim, decidimos traduzir "of color" como "de cor", retomando esse uso e o ressignificando. Entendemos que a tradução precisava visibilizar a multiplicidade étnico-racial e os processos políticos relacionados ao termo, e a utilização de qualquer outra expressão, como "não branca" ou "racializada", seria contraditória em uma obra que aborda justamente a forma como pessoas brancas são sempre colocadas como referencial em algumas discussões, marginalizando outras raças e etnias.

Também vale jogar luz sobre o desafio da tradução de "brown". Em inglês, é um termo guarda-chuva frequentemente utilizado para designar pessoas de pele mais escura, mas que não são negras, como nativos e descendentes do sudeste asiático, do Oriente Médio e até mesmo da América Latina. Não existe atualmente em português uma palavra correspondente popularmente utilizada. No entanto, há um movimento crescente de mulheres que se autodefinem asiáticas marrons no Brasil, e por essa razão optamos por usar "marrom" ou "de pele marrom", compreendendo que é pela linguagem que questionamos o poder hegemônico e termos mais representativos são propostos.

Nota da autora

Uma feminista branca é alguém que se recusa a considerar o papel que a branquitude e o privilégio racial ligado a ela desempenhou e continua a desempenhar na universalização das preocupações, pautas e crenças de feministas brancas como se fossem as mesmas de todos os feminismos e feministas. Você não precisa ser branca para ser uma feminista branca. Também é perfeitamente possível ser branca e feminista e não ser uma feminista branca. O termo descreve uma série de suposições e comportamentos que têm formado o feminismo ocidental *mainstream*, e não a identidade racial das praticantes. Ao mesmo tempo, é verdade que a maioria das feministas brancas são, de fato, brancas, e que a branquitude por si só está na essência do feminismo branco.

Uma feminista branca pode ser uma mulher que respeita seriamente os preceitos da "interseccionalidade" — a necessidade do feminismo de refletir desigualdades estruturais relativas a raça, fé, classe, deficiência etc., assim como gênero —, mas falha em ceder espaço para feministas de cor que têm sido ignoradas, invisibilizadas e excluídas do movimento feminista. As feministas brancas podem frequentar marchas a favor de direitos civis, ter amigas negras, asiáticas e marrons, e em alguns casos, serem elas mesmas negras, asiáticas ou marrons e, ainda assim, se dedicarem a estruturas organizacionais e crenças que garantem que as experiências de mulheres negras, asiáticas e marrons, assim como suas necessidades e prioridades, continuem postas de lado. De modo abrangente, para ser uma feminista branca você simplesmente tem que ser alguém que aceita os benefícios conferidos pela supremacia branca às custas de pessoas de cor, enquanto reivindica o apoio à igualdade dos gêneros e a solidariedade entre "todas" as mulheres.

Este livro é uma crítica à branquitude dentro do feminismo; ele visa destacar o que deve ser extirpado, o que deve ser desconstruído para que algo novo, algo melhor, aconteça. Ele explica por que intervenções que simplesmente acrescentam mulheres negras, asiáticas ou marrons às estruturas existentes não funcionaram. Por ser uma crítica, não foi possível apresentar a diversidade de visões que existe em meio a mulheres negras, asiáticas e marrons e entre elas. Outras pessoas já estão fazendo esse trabalho, mas para que esse esforço seja bem-sucedido, este projeto de desmantelamento precisa ser feito. Este livro aborda o que a "branquitude" tem feito dentro do movimento feminista; pesquisas similares podem e precisam ser feitas sobre como a branquitude opera dentro dos movimentos lésbicos, gays, trans e queer.

O objetivo aqui não é banir mulheres brancas do feminismo, mas extirpar a *branquitude* com todas as suas suposições de privilégio e superioridade, assim como estimular a liberdade e o empoderamento de todas as mulheres.

INTRODUÇÃO
Em um bar de vinhos, um grupo de feministas

É uma noite quente de outono e estou em um bar de vinhos em Manhattan com outras cinco mulheres. O clima está acolhedor e animado. Duas das mulheres são escritoras e jornalistas, como eu, e as outras três trabalham na mídia ou no mercado editorial. Todas, exceto eu, são brancas. Estou contente por ter sido incluída nesta noite, e também ansiosa para impressionar e me tornar amiga dessas mulheres que conhecia apenas profissionalmente por ligações e e-mails.

A primeira barreira surge quando o garçom chega para anotar nossos pedidos. "Vamos dividir uma jarra de sangria!", diz alguém, e todas concordam, animadas; então elas se viram para mim, esperando por aprovação. "Estou tomando alguns remédios, mas, por favor, meninas, vão em frente. Bebam por mim", declaro com um sorriso que tem a potência de encobrir todo o desconforto, o meu e o delas. É a verdade, mas me sinto envergonhada por dizer aquilo. Elas sabem que sou mulçumana e imagino que se perguntem imediatamente se sou certinha demais para me encaixar no grupo. "Não é nada religioso", acrescento assim que o garçom vai embora, "vocês não fazem ideia do quanto eu adoraria tomar uma taça agora." Há risos por toda a mesa. Agora receio que as risadas sejam forçadas e que o teste para pertencer àquele grupo já esteja perdido.

A segunda barreira chega um pouco mais tarde, quando todas, exceto eu, estão relaxadas por causa da sangria e trocam histórias mais pessoais, conectando-se do jeito que deve ser em um bar de vinhos em Manhattan em uma noite de outono. Percebo o que vai acontecer quando uma das mulheres, uma notável autora feminista, olha para mim com ar de malícia. "Então, Rafia... Qual a sua história?", pergunta ela de um jeito conspiratório, como se eu estivesse escondendo algum mistério irresistível.

"É", acrescenta uma das outras, editora de um jornal literário, "como você veio parar aqui... Tipo, nos Estados Unidos?"

Essa é uma pergunta que detesto tanto que aprendi a desviar dela como se estivesse fazendo uma piada em um show de stand-up. Também estou performando agora, mas sei que ser engraçada não vai adiantar, vai parecer mais com uma fuga. Mas estou preparada para esse momento, em especial porque tantas vezes antes situações assim se provaram complicadas. Muitas vezes (como uma dramatização em números de stand-up), conto alguma mentira boba. Digo às pessoas que vim aos Estados Unidos aos dezoito anos para fazer faculdade e acabei ficando. É apenas dois terços de uma mentira. A verdade é: vim para os Estados Unidos como uma jovem noiva. Uma noite, depois do jantar, sentada na beira da cama em Carachi, na metade dos anos 1990, concordei com um casamento arranjado. Tinha dezessete anos; meu marido, treze anos mais velho e médico paquistanês-americano, tinha prometido "permitir" que eu fizesse faculdade assim que nos casássemos. Havia outros motivos que me levaram a dizer "sim", mas a possibilidade de fazer faculdade nos Estados Unidos, algo que minha família conservadora nunca permitiria (ou conseguiria bancar), era o principal fator. Minha vida até então tinha sido limitada de todas as formas possíveis, mal se estendendo para além das paredes da nossa casa. Eu nunca havia experimentado a liberdade, então abdiquei dela alegremente.

Quando cheguei aos Estados Unidos, fui direto para Nashville, no Tennessee. Lá, frequentei a faculdade Southern Baptist (quando ainda tinha uma afiliação bem próxima com a Igreja e onde avisos prometendo fogo e enxofre para todos os não batistas eram algo trivial), escolhida pelo meu novo marido e onde ele me matriculou, à qual eu deveria pagar por meio de empréstimos estudantis. Depois de me graduar, implorei que ele me permitisse fazer uma especialização em Direito para a qual eu tinha me inscrito, ganhando uma bolsa de estudos parcial. Ele recusou, depois cedeu, depois "mudou de ideia", me lembrando de que sua promessa matrimonial era me deixar fazer faculdade, *não* uma especialização em Direito. A natureza transacional do nosso relacionamento se evidenciou. Os sete anos seguintes não mudaram as coisas para melhor. Em nossa última briga, o policial que chegou ao local foi influenciado pelo meu repentinamente calmo e cortês marido e me disse para "fazer as pazes". Só muito tempo depois eu aprenderia que é isso o que policiais dizem para mulheres que lhes pedem ajuda, todas as vezes. Não "fiz as pazes", mas passei a noite agarrada com a minha bebê adormecida. Na manhã seguinte, depois que meu marido saiu para o hospital para suas rondas matinais, peguei minha filha, uma pequena mala com roupas, uma caixa de brinquedos e um colchão inflável e dirigi até um abrigo para mulheres vítimas de violência doméstica, uma casa sem designação e desconhecida. Uma mulher loira com sombra azul cintilante nos olhos me levou até lá. "Vá seguindo meu carro", disse ela quando nos encontramos no estacionamento do Kmart, e foi o que eu fiz, com a música do *Barney* tocando sem parar dentro do carro para manter minha filha quieta.

Calculo o preço de apresentar uma versão abreviada da minha história ao grupo de copo literário. Mesmo se eu acrescentasse alguns detalhes, a versão editada da verdade poderia parecer brusca, reservada. Contar segredos é a essência das amizades; eu poderia começar essa tessitura agora, envolvendo-as nas tramas e nos trançados da minha história. Mas sinto que também não posso contar a versão completa. A verdade daquela experiência, e do que enfrentei depois na luta para construir a vida como uma jovem mãe solo nos anos 2000, parecia inapropriada de um jeito gritante para um bar de vinhos e para as minhas companheiras bem-vestidas, um pouco embriagadas e elegantemente conscientes. Contei toda a verdade para mulheres assim antes, e a reação sempre foi a mesma. Há os olhos arregalados, o olhar de seriedade e choque, a mão sobre a boca, os braços jogados ao redor dos meus ombros. Quando termino, há uma compaixão sincera, uma procura feroz em sua mente por alguma história parecida, uma tia, uma amiga, uma conexão com violência. Então, duas coisas podem acontecer.

Se eu tiver sorte, alguém faz uma piada ou sugere um brinde e seguimos para o próximo assunto, que ansiosamente começo. O mais comum, quando não tenho sorte, é haver um silêncio desconfortável enquanto todas encaram a mesa ou olham para suas bebidas. Depois pegam bolsa, celular e dão desculpas para irem embora em meio a declarações de "foi ótimo", "devemos fazer isso mais vezes" e "obrigada por compartilhar sua história". As palavras têm boas intenções, mas o tom é inconfundível. Não me lembro de já ter "feito isso mais vezes".

E sei por quê. Existe uma divisão dentro do feminismo da qual não se fala, mas que se mantém inquieta sob a superfície por anos. É a divisão entre as mulheres que escrevem e falam sobre feminismo e as mulheres que o vivem, as mulheres que têm voz contra as mulheres que têm vivência, aquelas que constroem as teorias e as políticas e aquelas que carregam as cicatrizes e as suturas das brigas. Embora essa dicotomia nem sempre trace uma divisão racial, é verdade que, em sua grande maioria, as mulheres que são pagas para escrever sobre feminismo, que lideram organizações feministas e fazem política feminista no mundo ocidental são brancas e da classe média alta. Essas são nossas especialistas, nossas "experts", que sabem, ou pelo menos dizem saber, o que significa feminismo e como ele funciona. Do outro lado, temos as mulheres de cor, trabalhadoras, imigrantes, pertencentes a minorias, indígenas, trans, moradoras de abrigos — muitas das quais vivem como feministas, mas raramente conseguem falar ou escrever sobre si. Existe uma suposição incipiente, criada por outras feministas brancas, de que as mulheres realmente fortes, as feministas "de verdade", não acabam em situações abusivas.

É evidente que acabam. Mas devido a uma infinidade de fatores, em especial o acesso delas a recursos, ao menos na maioria das vezes ou com frequência, elas não precisam se expor a se encaminhar para abrigos ou necessitar de recursos públicos. Em contrapartida, mulheres de cor, na sua maioria imigrantes e pobres, precisam aceitar ajuda de estranhos e do Estado, são visivelmente carentes e, de maneira notável, vitimizadas. É uma situação complexa; no entanto, a imagem de feministas brancas como salvadoras é estimulada/mantida, assim como a de mulheres de cor como aquelas que são salvas.

Portanto, uma aversão incipiente à experiência do trauma permeia feministas brancas, o que acaba produzindo desconforto e alienação no que diz respeito à realidade das mulheres que o vivenciaram. Senti isso todas as vezes, mas apenas recentemente consegui fazer essa conexão com as suposições sociais implícitas em relação a quem está submetido ao trauma. Ao destacar que a experiência do trauma é o "padrão" para mulheres negras, asiáticas e marrons, como se a vitimização delas estivesse enraizada em suas culturas, enquanto o sofrimento de mulheres brancas é retratado como uma aberração, uma falha técnica, a cultura branca, incluindo o feminismo que brotou dali, se assegura como superior.

É por esse motivo que tem sido difícil falar a respeito das dificuldades que enfrentei. Ser uma das "outras" mulheres não brancas — e particularmente me identificar como alguém que passou algum tempo nas trincheiras, vivendo com medo pela minha vida, me mudando de um abrigo a outro, e carregando as cicatrizes desse trauma — vai me fazer ganhar, por um momento, elogios de mulheres brancas, sei disso. E, nesse momento, elas vão dizer a coisa certa, se maravilhar com minha coragem, fazer perguntas sobre como era me esconder de um abusador, o que significa ser uma mãe solo. Mas me apropriar dessa identidade como "outra" também vai permitir que elas me coloquem mentalmente abaixo de mulheres que fazem o verdadeiro trabalho no feminismo, que definem suas fronteiras, seus parâmetros intelectuais e políticos. Feministas "de verdade", aos olhos delas, estão lutando pela causa na arena pública, livres da mudança imposta pela carga de uma experiência difícil.

O que sinto nesses momentos não é síndrome da impostora. Sei que vivenciei mais e superei mais coisas do que as mulheres que estavam comigo naquela noite. Mas também sei que o mundo das minhas companheiras se divide entre mulheres de cor que têm "histórias" para contar (ou para serem contadas por outros) e mulheres brancas que têm o poder e a perspectiva feminista inerente. Aí estão os mecanismos, as engrenagens de como as experiências de mulheres negras, asiáticas e marrons são colocadas como o outro, fendidas por feministas brancas sob a etiqueta mental de "não aplicável a mim".

Aqui, também, "identificação" exerce sua tirania cultural ao usar a linguagem de preferência pessoal para, na verdade, legitimar a estreiteza e a rigidez do imaginário coletivo branco. Os departamentos acadêmicos, as editoras, os jornais, as diretorias de poderosas ONGs internacionais e as ações por direitos civis no mundo ocidental estão repletos de mulheres brancas de classe média. Para ser aceita nesses espaços de poder, preciso que elas se "identifiquem" comigo, preciso "me encaixar" entre elas. E se os espaços são brancos e de classe média (e eles são), preciso ser reconhecida em minha humanidade especificamente por pessoas brancas e de classe média.

Em um nível superficial, consigo demonstrar essa afinidade por meio de menções ao despertar feminista fervoroso na faculdade, a encontros desastrosos em vários aplicativos, detalhes selecionados de uma vida urbana abundante e uma rotina trabalhosa de cuidados com a pele. Também posso demonstrá-la ao não mencionar os tipos de experiências que pessoas brancas acreditam que não se aplicam a elas — certos tipos de abusos domésticos, por exemplo, algumas formas de migrações, alguns conflitos internos.

O culto à identificação estimula a exclusão de certos tipos de experiências vividas pelas hierarquias do poder feminista, com consequências perversas para o pensamento e a práxis feminista. Muitas instituições envolvidas na construção de políticas feministas não apenas se recusam a considerar as experiências de mulheres de cor como uma perspectiva útil a ser trazida para as colegas como, na verdade, tratam tais experiências como uma falha da candidata, com base na alegação — e no temor — de que elas serão "menos objetivas" por causa disso. Durante meus seis anos de trabalho no conselho de diretores da Anistia Internacional dos Estados Unidos, nem uma vez vi qualquer um dos muitos prisioneiros de consciência, que tinham seus casos destacados pela organização, ser convidado a participar em discussões políticas ou ser indicado ao conselho. Até mesmo o abrigo em que trabalhei tinha uma regra que impedia os residentes de serem voluntários ou de trabalharem lá até que se passasse um período intermediário de vários anos.

A grande mentira sobre a identificação é sua alegação implícita de que existe uma única perspectiva verdadeiramente neutra, um ponto de partida original, contra o qual tudo mais pode ser medido. Identificação é subjetividade revestida de objetividade. A pergunta que supostamente não devemos fazer, quando encontramos o "problema" de identificação insuficiente, é: identificação em relação a quem? Assim, as histórias de mulheres de cor são comumente contadas, mas a perspectiva que se conquista ao vivenciar tais histórias nunca se torna parte da epistemologia do feminismo.

A dicotomia funcional entre expertise e experiência não é, de forma alguma, incidental. Muitas feministas brancas têm forjado carreiras de sucesso fazendo análises e políticas baseadas no estudo formal, acumulando qualificações, conduzindo pesquisas, tendo seu trabalho publicado em jornais e livros. Elas conseguiram fixar um espaço profissional, no qual ideias podem ser construídas e desmanteladas. E como o acesso a oportunidades educacionais e profissionais é distribuído de maneira desigual, favorecendo pessoas brancas, essa ênfase na expertise se transforma em uma forma de proteger o poder que deixa de fora pessoas de cor, assim como pessoas da classe trabalhadora, imigrantes, e muitos outros grupos. Dessa forma, a introdução de um tipo diferente de autoridade nesse espaço, fundado em experiências vividas que essas "experts" talvez não compartilhem, é vista como uma ameaça à legitimidade da própria contribuição delas para os direitos das mulheres — como se os pensamentos e a práxis feministas fossem jogos de soma zero, e um conhecimento suplantasse o outro.

A inquietação em torno da contestação da primazia pela expertise, que anda lado a lado com a contestação da branquitude e da sua acumulação de poder, leva a uma forma particular de cálculo racializado. Se uma experiência ou característica é associada a um grupo não branco, então ela é codificada automaticamente como sem valor e, por sua vez, qualquer um associado a ela se torna desvalorizado. Esta é a forma como a hegemonia protege a si mesma: silenciando e punindo as diferenças ao arrancar sua legitimidade. Esse tipo de julgamento de valor motivado está no centro da supremacia branca, e é como ela opera dentro do feminismo, com mulheres brancas de classe média no topo, garantindo que as qualificações que as mulheres brancas de classe média têm continuem a ser o critério mais valioso dentro do próprio feminismo.

Sentada no bar de vinhos, tenho consciência de tudo isso. E consigo sentir minha raiva surgir por precisar "manter as coisas leves", acomodando as expectativas das pessoas não familiarizadas com o que pode acontecer e acontece de ruim a mulheres como eu. Mas uma voz dentro de mim insiste: "Você chegou tão longe." Sei exatamente o que isso significa: quero ter uma voz da forma como mulheres como eu — mães solo, noivas imigrantes, sobreviventes de abusos, mulheres sem rede de apoio ou contatos ou diplomas de faculdade chiques — raramente podem ter. E eu quase já a conquistei, digo a mim mesma. Estou quase lá. É só a diferença entre sentir orgulho da minha verdade e censurá-la.

Escolho a segunda opção. "Ah, eu me casei cedo e vim fazer faculdade nos Estados Unidos", digo tranquilamente. "Ele era um babaca", reviro os olhos, "então me divorciei e nunca olhei para trás." É a quantidade certa de informação. "Que bom!", arqueja uma delas. "Uau, não me casei nenhuma vez e você já é divorciada", ri outra na ponta da mesa. A conversa segue sem interrupções. Quando a conta das três jarras de sangria chega, a divisão é feita igualmente entre nós. Pago a minha parte, embora tenha bebido uma única Coca Diet. Ninguém se importa.

•

Na narrativa baseada apenas em gênero que tem dominado o feminismo *mainstream*, todas as mulheres são colocadas contra todos os homens, em relação aos quais buscam paridade. Nessa luta, contudo, mulheres brancas tomaram para si o direito de falar por todas as mulheres, ocasionalmente permitindo que uma mulher de cor fale, mas apenas quando ela consegue fazê-lo no tom e na linguagem da mulher branca, adotando as prioridades, as causas e os argumentos da branquitude. Mas a suposição de que mulheres de cor e mulheres brancas enfrentam as mesmas desvantagens em relação aos homens é falha. Todas as mulheres brancas desfrutam do privilégio racial branco. Mulheres de cor são afetadas não apenas pela desigualdade dos gêneros, como também pela desigualdade racial. Um feminismo que não vê cor, dessa forma, impõe um custo identitário a essas mulheres de cor, apagando uma parte central de suas experiências de vida e realidades políticas. Isso torna impossível ver as maneiras como um feminismo centrado na branquitude não serve às necessidades dessas mulheres.

Durante minha infância no Paquistão, vi minha mãe, minha avó e minhas tias sobreviverem a terríveis sofrimentos de todos os tipos. Elas sobreviveram a imigrações, perdas devastadoras nos negócios, maridos inaptos, relações perdidas, discriminação jurídica e muito mais, sem nunca se entregarem ao desespero, sem nunca abandonar aqueles que contavam com elas, sem nunca deixarem de estar presentes. A resiliência, o senso de responsabilidade, a empatia e a capacidade de ter esperança delas também são qualidades feministas, mas não aquelas que a atual aritmética do feminismo vai reconhecer. No sistema de valores do feminismo branco, é a rebeldia, em vez da resiliência, que é vista como a principal virtude do feminismo; o sofrimento das minhas ancestrais maternas é categorizado, assim, como um impulso pré--feminista, equivocado, ignorante e incapaz de conquistar mudanças. Nenhuma atenção será dada às feministas paquistanesas, exceto se elas fizerem algo reconhecível dentro da esfera da experiência de feministas brancas — andar de skate usando seus turbantes, marchar com cartazes, escrever um livro sobre sexo, fugir para o Ocidente. O fato de que a resiliência pode ser uma qualidade feminista tanto quanto a rebeldia se perde na história do feminismo escrita e povoada inteiramente por mulheres brancas.

Este também é um legado da supremacia branca: a perspectiva branca nunca foi desagregada do feminismo. Ela se tornou a única forma de feminismo que reconhecemos ou até a única que comunicamos. E isso significa que, na maioria das vezes em que as mulheres falam "feminismo", elas sem querer usam a cadência e a cor da branquitude.

Nas minhas análises, tenho uma dívida profunda com a obra da teórica política Gayatri Chakravorty Spivak, cujo ensaio inovador *Pode o subalterno falar?* foi o primeiro a apontar como os europeus pressupõem que conhecem o outro ao colocá-lo no contexto do oprimido. A famosa articulação de Spivak sobre "homens brancos salvando mulheres de pele escura de homens de pele escura" tem sido uma estrutura teórica que fortalece muito esta obra.[1] Spivak demonstrou como o subalterno não tem permissão para falar; eu estou interessada em demonstrar como atualmente são dadas ao subalterno algumas chances de falar, mas ele não é ouvido porque os alicerces da supremacia branca (mais bem representada por colonialismo e neocolonialismo) não foram desmantelados. Diferentemente da obra de Spivak, este não é um livro de teoria feminista, mas de prática feminista e suas genealogias problemáticas, as questões do passado e as novas formas que elas tomaram em nosso presente.

A consequência de ser incapaz de separar a branquitude das pautas do feminismo é que feministas de toda parte continuam a se ligar à genealogia e à epistemologia de feministas brancas. Estudantes negras aprendem sobre Susan B. Anthony, reverenciando sem saber uma mulher que, contrariada com o progresso da Décima Quinta Emenda, disse a Frederick Douglass: "Eu vou cortar meu braço direito antes de um dia trabalhar pelo direito ao voto de um negro e não de uma mulher." Feministas sul-asiáticas que adoram as heroínas de Jane Austen e as têm como modelos de força, sagacidade e discernimento estão absorvendo as visões imperialistas de Austen, suas justificativas para que os colonizadores brancos conquistassem terras sem o conhecimento dos nativos. Em incontáveis casos como esses, a apresentação acrítica do feminismo branco como a forma definitiva e única de feminismo secretamente recruta mulheres de cor para suas próprias motivações.

Existem dois antídotos para isso. Primeiro, devemos extirpar a supremacia branca de dentro do feminismo. Esse espaço desproporcional que foi tomado pela branquitude dentro do feminismo, e a sugestão implícita de que esse desequilíbrio existe porque apenas mulheres brancas são feministas de verdade, deve ser reocupado por causas robustas de outros feminismos: aqueles que são ativamente suprimidos ou apagados pela dominação colonial e pelo silenciamento branco, e aqueles que foram eclipsados pela indiferença, passada e presente, do privilégio branco.

Segundo, já que experiência gera políticas, ambas precisam ser recalibradas dentro do vocabulário necessário do feminismo. O apagamento das experiências de mulheres negras, asiáticas e marrons tem significado o apagamento de suas políticas, e as duas coisas precisam ser reavaliadas urgentemente como parte integral do cânone feminista. Para que essas experiências fiquem explícitas, feministas de todos os tipos devem trabalhar em prol do desenvolvimento de suas próprias genealogias, para olhar para as mulheres em suas vidas e suas histórias que não têm sido consideradas "feministas" por não espelharem os projetos e as prioridades de mulheres brancas. Esse trabalho já vem sendo feito por muitas escritoras comprometidas em contar as histórias de mulheres de cor. Expressar e documentar experiências é valioso por si só, um processo vital de afirmação e solidariedade coletiva. Mas também é um catalisador para revitalizar a política, de maneira que estratégias e objetivos feministas alcancem além dos interesses de mulheres brancas e da classe média para chegar em todas aquelas mulheres que têm suas histórias e políticas hoje invisibilizadas, e essas necessidades, por terem sido sistematicamente não atendidas e omitidas por séculos, são muito urgentes. Além disso, documentar experiências também é valioso como uma afirmação de humanidade, solidariedade e experiência coletiva, que são importantes formas de autocuidado para mulheres de cor e marginalizadas.

A nova história do feminismo será diferente da que conhecemos hoje. Não é suficiente que narrativas alternativas de mulheres de cor simplesmente existam; elas precisam influenciar de verdade o conteúdo e o curso do movimento por paridade de gêneros. E antes que isso aconteça, mulheres brancas precisam avaliar quanto o privilégio branco tem influenciado os movimentos feministas e continua a influenciar as pautas feministas hoje. Essas não são sugestões inovadoras, mas são aquelas que têm sido ignoradas com alarmante obstinação.

Estou cansada da falsa aparência de engajamento mesmo quando feministas brancas no poder se agarram aos seus medos, suas ignorâncias, e às formas sutis e não tão sutis com as quais incluem e excluem. Quero poder me encontrar em um bar de vinhos e ter uma conversa honesta sobre mudança, sobre transformação, sobre como podemos acabar com um sistema falho e construir um novo e melhor.

CAPÍTULO UM
No princípio, havia as mulheres brancas

Em 2007, a celebrada dramaturga feminista Eve Ensler escreveu um artigo para a revista *Glamour*. "Eu voltei do inferno" é a frase inicial, seguida por detalhes sobre a visita da autora à República Democrática do Congo, onde conheceu "garotas de nove anos que foram estupradas por grupos de soldados". De acordo com o título, o artigo é sobre "Mulheres deixadas para morrer — e o homem que as salvou" [Women Left for Dead — And the Man Who's Saving Them], mas isso não fica nítido logo no início.

Mesmo enquanto descreve a angústia das mulheres congolesas, Ensler consegue manter o foco em si mesma. "Como *eu* transmito essas histórias?", pergunta. "Como *eu* conto para vocês...?" "*Eu* fiquei uma semana no Panzi. As mulheres faziam filas para *me* contar suas histórias." Ao acabar de recontar uma história terrível sobre "Alfonsine", em vez de convidar os leitores a refletirem sobre o assunto, ela escreve: "*Eu* olho para o corpo pequeno de Alfonsine e imagino as cicatrizes sob suas humildes vestes brancas. *Eu* imagino a pele reconstruída, a agonia que ela experimentou depois de levar um tiro. *Eu* ouço cautelosamente. *Eu* não consigo detectar uma gota de amargura ou qualquer desejo por vingança." Ao escrever sobre a cirurgia necessária para reparar as fístulas sofridas por tantas vítimas mulheres, mais uma vez ela foca em si mesma, dizendo: "*Eu* observo uma operação típica... *Eu* sou capaz de ver as fístulas." E assim por diante.

Sua ênfase repetitiva no que ela mesma está fazendo e ouvindo, em vez de no que está sendo visto e ouvido, sugere fortemente que o objetivo é mostrar o quanto é crucial o papel que ela, uma mulher branca, desempenha na vida dessas mulheres. Ela também está ávida para apelar aos leitores da *Glamour*; eles podem escrever para o presidente do Congo, ou doar para o hospital onde as vítimas de estupro são tratadas e para o centro de reabilitação onde "elas vão aprender a se tornarem líderes políticas" por meio do site da própria Ensler.

O artigo de Ensler na *Glamour* demonstra como o complexo do salvador branco se intersecciona com o feminismo no século XXI. Uma mulher branca assume a tarefa de "falar por" "outras" mulheres estupradas e brutalizadas, posicionando-se como sua salvadora, o canal pelo qual a emancipação precisa passar. Esse é também um exemplo de como a condição do "de lá" existe como um parâmetro em relação ao qual o sucesso das mulheres do Ocidente pode ser julgado. "Como somos sortudas", as leitoras do artigo de Ensler são encorajadas a concluir, balançando a cabeça enquanto lamentam as circunstâncias das mulheres que vivem em partes menos civilizadas do mundo. É notável que nomear ou apagar as identidades de mulheres de cor está inteiramente no capricho da mulher branca que conta a história. Em casos em que pessoas deveriam ser mencionadas nominalmente, como as enfermeiras e outras funcionárias do hospital (que talvez tirassem a atenção do papel central da mulher branca como salvadora), elas são deixadas de fora; em outros, quando a confidencialidade seria de grande ajuda, como não fotografar vítimas como "Nadine", nos é dito que ela concordou em ser fotografada se o seu nome fosse alterado.

A carta anual de 2020 escrita pela Fundação de Bill e Melinda Gates oferece outro exemplo desse fenômeno calculado e deliberado, particularmente ao se relacionar com a ótica de mulheres brancas benevolentes ajudando pessoas negras e marrons.[1] A primeira imagem usada no relato dá o tom: Melinda Gates se curva para encarar uma mulher negra anônima usando máscara e deitada em uma maca de hospital. O anonimato do sujeito é padrão nesse tipo de iconografia. Podemos presumir que o nome foi omitido para proteger a privacidade da mulher, mas o padrão se mantém. Mesmo quando pessoas de cor aparecem representadas desempenhando sua capacidade profissional, oferecendo cuidado em vez de recebendo, o que não necessitaria de nenhum anonimato, os nomes são deixados de fora. Bill e Melinda, as únicas pessoas brancas na foto, são também as únicas pessoas sempre nomeadas. Uma visita à Gugulethu Health Clinic mostra "funcionários" negros e marrons. A seção sobre gênero abre com Melinda Gates e duas mulheres, uma de cada lado, indianas pequenas, de pele marrom e não identificadas.

Sinalizar essa forma de virtude é tão efetivo que até mesmo se tornou tendência nos aplicativos de namoro. Um site chamado Humanitarians of Tinder dedica-se a mostrar fotos de mulheres brancas (e alguns homens) valentes, amorosas e nossa-como-são-aventureiras distribuindo abraços, segurando bebês e participando de danças "nativas" tradicionais.[2] O mesmo padrão usado por Ensler e os Gates para conquistar a aprovação pública ou conseguir apoio financeiro é reaplicado na tarefa de atrair parceiros sexuais. Como sempre, os rostos negros e marrons são meros objetos do empreendedorismo branco.

Longe de ser apenas um estilo cultural recente limitado a aplicativos de namoro, revistas de moda e bilionários filantropos, esse hábito de centralizar a mulher branca quando se fala sobre a emancipação de mulheres de cor tem genealogia. O "complexo de salvadora das feministas brancas", enraizado profundamente na epistemologia e na história, toma forma na era colonial. Nos países de mulheres brancas, os papéis de gênero do século XIX e os duradouros privilégios masculinos restringiram a liberdade delas significativamente. Contudo, partir para as colônias permitiu a essas mulheres uma forma única de fuga.

Na Índia e na Nigéria, elas experimentavam uma vantagem significativa: o privilégio branco. Ainda subordinadas aos homens brancos, elas eram, no entanto, consideradas superiores pela virtude da raça em relação aos "sujeitos" colonizados. Essa superioridade automaticamente lhes garantiu um poder maior, assim como mais liberdade.

"Eu sou uma pessoa neste país! Sou uma pessoa", escreveu uma efusiva Gertrude Bell aos seus pais em março de 1902.[3] Ela escrevia de Monte Carmelo, em Haifa, onde foi aprender árabe e pôde escapar dos risos dissimulados da sociedade de Londres. O desabafo de Bell foi revelador. Aos trinta anos e com uma inclinação a se apaixonar pelos homens errados (que eram pobres, casados ou estavam mortos, ou as três coisas), ou nem sequer se apaixonar por eles (ela chegou a desenvolver uma espécie de amizade colorida com mais de um homem abastado), era velha demais para ainda estar solteira. Em uma sociedade que espera de suas mulheres o matrimônio e a maternidade, isso tornava sua função redundante.

Sua terra natal lembrava Gertrude de seus fracassos, a maldita incapacidade por ter tentado e falhado em conseguir um marido. No "exótico" Oriente, havia muito espaço para donzelas londrinas que envelheceram demais para o mercado matrimonial e, como Gertrude logo percebeu, os privilégios do império mais do que supriam as desvantagens de gênero.

De fato, ela era uma "pessoa" em Jerusalém, porque lá, diferentemente do seu país, a branquitude dela a colocava acima da maioria da população. Nenhum homem marrom poderia controlá-la ou questioná-la quando ela perambulava pelos bazares com seu chapéu de palha e seus vestidos brancos ou castigá-la por cavalgar como um homem. O exemplo de Bell revela como a primeira experiência de algumas mulheres brancas britânicas com a liberdade fora de seus lares se equivale à experiência da superioridade imperial para além das fronteiras da Grã-Bretanha e da Europa. Ao contrário do costumeiro trabalho lento e árduo da história, o império britânico cresceu depressa no século XIX, e as mulheres britânicas se tornaram cidadãs do império. Em uma época em que as mulheres brancas ainda eram consideradas propriedades legais de seus maridos, a oportunidade de saborear um pouco de poder, o qual costumava ser mantido fora do alcance delas, era evidentemente tentadora demais para resistir a subjugar outros. Como uma mulher colocou, "era uma fuga da antiga existência estereotipada, na qual o conforto e a trivialidade tinham nos rodeado até torná-la inteiramente monótona e enfadonha".[4]

Ironicamente, ou talvez apenas sendo fiel à linhagem política da família que lhe dava apoio financeiro, a própria Bell se opunha ao sufrágio das mulheres; em 1908, ela trabalhou como secretária honorária da Liga Nacional de Mulheres Contra o Sufrágio.[5] Faz sentido que Gertrude apoiasse apenas a si mesma, seu vigoroso individualismo era ímpar a qualquer esforço coletivo. A ideia de que *todas* as mulheres eram iguais aos homens e podiam fazer o mesmo que ela não fazia sentido para Gertrude. Sua fé se limitava a sua própria natureza excepcional.

A oposição de Bell ao sufrágio não fez muita diferença, porque havia muitas outras mulheres lutando pela causa sufragista, e elas também se beneficiariam da superioridade racial no que se tratasse de suas irmãs inferiores pelo império. Se Bell descobriu na amplitude do domínio britânico a liberdade de se movimentar e ascender dentro dos limites do gênero, as defensoras do sufrágio viam na simples existência de mulheres nativas colonizadas a disponibilidade de um recurso político de contraste moral. A subjugação de mulheres, segundo elas, só podia ser praticada em culturas primitivas como aquelas que foram colonizadas pelos britânicos.

Em seu artigo de 1851, "The Enfranchisement of Women" [A emancipação das mulheres], Harriet Taylor invoca a imagem de uma mulher não emancipada na mente de suas leitoras: a mulher "oriental ou asiática" que foi mantida em isolamento e, por isso, tinha a "mente servil".[6] Mais tarde, as sufragistas foram além; um panfleto de 1879 alegava que "se a saúde física de uma mulher é reconhecidamente enfraquecida devido ao confinamento em um espaço limitado, sua saúde mental também sofre por meio das desvantagens legislativas... É injusto privá-la de liberdade política e, à maneira oriental, prendê-la entre quatro paredes".[7] Outras usavam termos como "sujeição abjeta" e "nossas cruelmente mutiladas irmãs do Oriente" ao descrever as mulheres desafortunadas que elas imaginavam como pessoas desesperadamente necessitadas de sua atenção e assistência.

Todo um discurso cultural, dessa forma, destaca a posição de mulheres negras, asiáticas e marrons colonizadas dentro do universo colonial. Aos olhos da sociedade vitoriana, "mulheres orientais eram duas vezes inferiores por serem mulheres e orientais".[8] Ainda assim, mulheres brancas que viajavam ao Sul da Ásia e ao Oriente Médio estavam muito interessadas em visitá-las. Como os aposentos femininos de qualquer casa abastada ou palácio eram conhecidos como zenana, essas visitas eram chamadas de "visitas zenana".

A própria Bell fez várias visitas zenana com as famosas mulheres do Oriente, encontros que ela retratou com uma condescendência quase sarcástica em seu livro *Persian Pictures* [Imagens persas]. Durante o primeiro encontro, no palácio do próprio sultão, ela considera a conversa superficial, apesar dos esforços da intérprete francesa, observando que tudo que suas anfitriãs conseguiam dar como resposta não passava de "um risinho nervoso, virando de lado a cabeça e cobrindo-a em uma dobra do lenço".[9] A imagem duradoura da mulher iraniana como uma idiota risonha não se desfaz mesmo com a aparição das duas filhas que falam sobre seus estudos em francês e árabe. Ao fim da visita, Gertrude determinou que tudo, até mesmo os petiscos servidos (raspadinhas de limão), havia sido insatisfatório. Sempre grata por ser branca e britânica, Gertrude vai embora com a amiga, deixando as três mulheres olhando para elas pelos frisos nas paredes. "A existência aprisionada delas parecia uma piada de mau gosto para nós enquanto caminhávamos até o vale úmido." O sol, Gertrude percebe alegremente, tinha escorregado por trás do horizonte no Irã, "dirigindo a amplitude de sua luz para o mundo ocidental — para o nosso próprio mundo".

As "visitas zenana" já estavam muito em voga no século XVIII, quando os primeiros colonos e, ocasionalmente, suas esposas partiram para o misterioso "Oriente". A novidade nisso se desgastou um pouco quando o império se estabeleceu e a região se tornou uma parada mais comum na rota turística do Ocidente, mas o legado dessas intrusões sobreviveu na forma da retórica feminista do século XIX, situando essas outras mulheres como inferiores. A maioria das mulheres que escreviam os panfletos pregando a emancipação feminina, e certamente a maioria daquelas que os consumiam, nunca estiveram no Oriente. E é ainda mais duvidoso que elas tenham conhecido qualquer uma das mulheres dos haréns e *seraglios* em relação aos quais desejavam contrastar sua própria realidade. O poder da comparação não vem das verdadeiras condições de qualquer mulher do Ocidente, mas da predominância do imaginário da branquitude e da não branquitude. Acreditando serem superiores, mulheres brancas afirmam que merecem posições mais elevadas e mais liberdades do que as mulheres colonizadas. Esse potente "nós" e "elas" se torna um trampolim indispensável para as mulheres brancas que buscam sua própria emancipação.

O equivalente da revista *Glamour* dos anos 1860, a *The Englishwoman's Review* foi lançada com o objetivo de criar uma plataforma para este argumento: que mulheres britânicas brancas, agora as líderes do império, deviam ter vidas que fossem visíveis, livres e com relevância política, em contraste com as isoladas, dominadas e invisíveis mulheres do Oriente. Era impossível, afinal de contas, que a vida de mulheres britânicas brancas fosse definida por restrições e constrições semelhantes às encaradas por mulheres inferiores do mundo, que ainda precisavam se tornar civilizadas.[10]

A questão de *o quanto* as mulheres indianas eram primitivas esteve presente por anos nas páginas dessa revista. O argumento servia para os dois lados: de certa forma, apelava para a compaixão e a generosidade dos salvadores (*Você vê como os homens de pele marrom tratam mal as mulheres de pele marrom? Homens brancos jamais seriam tão bárbaros*) e também fazia um apelo para a dominância branca (*Seja lá o que as mulheres de pele marrom têm, as mulheres brancas precisam ter mais e melhor*). As escritoras da *The Englishwoman's Review* viam seus discursos e ensaios como material da ascendência contínua do feminismo na Grã-Bretanha e a si mesmas como "trabalhadoras das causas das mulheres que estão fazendo história".[11] Algumas, como a autora Bayle Bernard, achavam que as miseráveis mulheres indianas vivendo uma existência "sem sol e sem ar" eram, contudo, educáveis, e, portanto, resgatáveis, que é o motivo por que todas as mulheres britânicas dentro e fora da Índia deviam "se jogar de cabeça na tarefa [de educá-las] e se determinar a nunca descansar até que tivessem elevado suas irmãs ao nível delas, e, então, as mulheres indianas finalmente alcançariam uma posição de honra para si mesmas".[12]

Outros artigos criticavam o uso de palavras como "primitiva" ou "não civilizada" para se referir a pessoas marrons e a sujeitos coloniais, embora, é evidente, nem mesmo esses incluíssem a participação efetiva das mulheres em questão. Tais mulheres foram privadas de suas próprias políticas, úteis apenas "quando eram explicadas, modificadas e colocadas para uso do feminismo".[13] Exatamente como Eve Ensler e muitas outras feministas brancas hoje, as britânicas que escreviam nessas revistas coloniais procuravam falar pelas mulheres que tentavam salvar. No passado e agora, a virtude de salvar mulheres marrons assegura créditos a mulheres brancas, acentuando suas reputações e elevando suas posições profissionais, sem nenhuma referência à ironia dessa transação.

Qualquer que tenha sido a sinceridade nos debates da *Review* a respeito de elevar as irmãs marrons, na prática elas funcionavam como uma cola que unia uma enorme variedade de mulheres britânicas sob o guarda-chuva imperial, todas acreditando e projetando uma visão do imperialismo como uma força benevolente. Assim como a coragem de Ensler em viajar para o Congo a representa como a heroína altruísta de seu relato, também as britânicas que fugiram para as colônias no século XIX provaram para todos os remanescentes que o império não era simplesmente o projeto de *homens* britânicos, mas algo que pertencia também às mulheres. Nesse imperialismo "feminizado", o trabalho da mulher imperial era ficar ao lado dos homens que serviam ao império carregando nos ombros "o fardo do homem branco". Uma propaganda na *The Englishwoman's Review*, de janeiro de 1888, diz tudo: "Uma abertura para as mulheres nas colônias", suplicando aos leitores que oferecessem seus serviços ao povo colonial, porque sua situação difícil, em especial a das mulheres indianas, deveria ser um "assunto especial e merecedor da preocupação das feministas".[14]

As mulheres brancas que chegaram às colônias a fim de construir escolas para garotas ou para treinar professoras eram mal preparadas para lidar com diferenças culturais básicas — por exemplo, as roupas. Se as feministas europeias ficam terrivelmente irritadas com as mulheres mulçumanas que insistem em cobrir seus corpos hoje em dia, elas ficavam igualmente irritadas com a falta de coberturas nos corpos das mulheres hindus daquele tempo. Annette Akroyd foi uma mulher inglesa que se transferiu para Bengala a fim de construir uma escola (inspirada por um encontro quase idêntico ao que Ensler descreveria quase dois séculos mais tarde como a motivação para sua viagem ao Congo). Ela achou o sári, como vestuário, ao mesmo tempo "vulgar e inapropriado", já que deixava as mulheres, ao seu ver, seminuas. "É preciso haver uma mudança definitiva em suas vestimentas nas partes inferiores", reclamou ela em uma carta que enviou para casa depois de chegar, "porque elas não podem sair em público com tais trajes."[15] Mesmo quando encontrou uma mulher abastada de Bengala, ela comparou a forma como a mulher se vestia e se portava com a de uma "selvagem que nunca ouviu falar de dignidade ou decoro".

As mulheres brancas, ostensivamente presentes para ajudar suas irmãs coloniais a alcançarem seus potenciais, foram rápidas em usar significantes como roupas e posturas como prova de como as mulheres marrons eram limitadas por um primitivismo inato e que, por isso, precisavam urgentemente da assistência dos brancos. Enquanto isso, perto da metade do século XIX, quase cinquenta anos depois de Gertrude Bell chegar às colônias, as mulheres indianas já tinham criado organizações apenas para mulheres reformistas. Em 1870, as mulheres indianas já estavam publicando suas próprias revistas que lidavam com questões femininas com tanto gosto que a *Women's Press* surgiu na província de Maharashtra no norte da Índia.[16]

Nos anos 1870, mulheres indianas como Pandita Ramabai, Soonderbai Powar e Krupabai Satthianadhan traduziam textos literários do inglês e de outros idiomas europeus para as línguas locais e se pronunciavam ativamente contra seus próprios papéis subordinados dentro da sociedade.[17] Em 1882, não muito tempo depois da malfadada viagem de Akroyd (ela logo desistiu da escola e, em vez disso, se casou), existiam 2.700 instituições educacionais para garotas na Índia, com um total de 127 mil alunas e quinze escolas de treinamento para professoras.[18] Alguns anos depois, em 1886, Swarnakumari Devi começou a Ladies' Organization [Organização das Mulheres] e foi seguida em 1892 por Pandita Ramabai, cuja Sharada Sadan [Casa para Aprendizagem] se dedicava à educação e ao emprego das mulheres.[19] Uma década mais tarde, o Hindu Ladies Social and Literary Club [Clube Social e Literário de Mulheres Hindus] organizou seu primeiro encontro sob os auspícios de Ramabai Ranade. Dos anos 1890 em diante, mulheres indianas se graduaram em faculdades e universidades do país, incitando o crescimento de oportunidades educacionais.

Em 1905, por volta da época em que Gertrude Bell estava descobrindo sua personalidade e superioridade em relação às mulheres tolas e enclausuradas do Oriente, Begum Rokeya Sakhawat Hossain, esposa de um funcionário público de Bengala, escreveu um dos principais textos feministas da literatura indiana em inglês, "O sonho da sultana", no qual a protagonista é transportada para um mundo maravilhoso sem homens, onde apenas mulheres controlavam tudo. A história era fictícia, mas refletia a estratégia "separatista" adotada pelas mulheres indianas em suas organizações, não permitindo que homens ocupassem qualquer um dos altos cargos.[20]

Na eventual ocasião em que uma feminista branca entrava em contato com uma mulher marrom real, os resultados eram quase tragicômicos. Em um desses encontros, a escritora feminista egípcia Huda al-Sha'arawi foi abordada por uma francesa, a srta. Marguerite Clement. Clement e suas amigas queriam dar uma palestra para as mulheres aristocratas do

Egito no Cairo, sobre as posturas do Ocidente e do Oriente em relação ao véu. Com a ideia de garantir que essas mulheres aristocratas comparecessem ao evento, Clement pediu para al-Sha'arawi encontrar uma mulher mais velha e importante que o patrocinasse. Com os esforços de al-Sha'arawi, a princesa Ayn al-Hayat Ahmad foi persuadida a desempenhar esse papel. No dia do evento, contudo, a princesa se atrasou e as mulheres brancas no comando decidiram começar sem a presença da convidada de honra, priorizando a noção britânica de pontualidade acima dos valores do Oriente de hospitalidade e garantindo ativamente o direito ao público branco de começar os eventos quando lhes coubesse. A consequente chegada da princesa com sua comitiva real causou uma comoção que interrompeu a palestra de Clement e irritou as mulheres ocidentais, que achavam que as palavras de uma delas não deveriam competir com a chegada da realeza egípcia, ou melhor, que as noções de etiqueta branca deveriam ser privilegiadas em relação às das mulheres egípcias. Ávidas consumidoras de revistas e jornais que situavam mulheres colonizadas como suas inferiores, essas "feministas" brancas começaram a criticar al-Sha'arawi e as mulheres egípcias de forma geral por não seguirem a etiqueta adequada. Al-Sha'arawi, por sua vez, ficou chateada com a condescendência cultural direcionada às mulheres egípcias que estavam presentes e a ela mesma.[21]

Havia também um elemento de fragilidade branca no encontro, em que mulheres brancas não podiam suportar a interrupção de seus processos até que a convidada real tomasse seu lugar sem ficarem imediatamente na defensiva pela sugestão de que estavam sendo desrespeitosas. Então, existe a questão de demandar que a branquitude continue no centro: a indignação fanática pelo atraso pode parecer bastante razoável, mas pontualidade, como qualquer outra qualidade, não tem um valor absoluto e universal. Sua importância é codificada culturalmente e indica, nesse caso, a imposição da supremacia da forma com que brancos fazem as coisas como a correta e única. Em casos que envolvem a reunião de um grupo diverso, então, há a pergunta de qual das normas deve ser respeitada, qual padrão de valor deve ser adotado por todos. Isso é o que significa "branquitude no centro". E tais impulsos que parecem triviais sinalizam na direção de outros muito mais abrangentes, revelando as intenções de um grupo de impor as regras ao outro.

Em culturas não ocidentais, convidados importantes costumam se atrasar, e os outros participantes aguardam devidamente por eles em sinal de respeito. Essa é uma etiqueta alternativa à do Ocidente, nenhuma é inerentemente mais correta que a outra. Mas para as mulheres brancas na palestra, a pontualidade — prestigiada pela cultura ocidental como essencial para os valores protestantes e capitalistas de produtividade — não podia simplesmente ser considerada uma regra para brancos e ocidentais: era preciso impô-la também a todas as outras pessoas.

O fato de as mulheres britânicas terem ficado imediatamente na defensiva ao serem interrompidas por al-Sha'arawi é uma demonstração reveladora da fragilidade branca. Demonstra o desconforto sentido quando pessoas marrons, vistas por pessoas brancas como inerentemente inferiores ou necessitadas de ajuda (independentemente de suas condições materiais e experiências), falham em demonstrar a gratidão adequada aos seus salvadores brancos e expõem os defeitos das pessoas brancas implícita ou explicitamente, ou evidenciam a realidade de seus privilégios raciais. Esse desconforto interno se externaliza de inúmeras formas: como raiva, vitimização, recusa de cooperar ou se comunicar.

Raça e feminismo não poderiam estar mais integralmente conectados na luta pelo sufrágio das mulheres. É possível até mesmo argumentar que as reivindicações das sufragistas foram levadas a sério apenas *porque* existiam dentro da ideia de se opor à perspectiva preocupante de ter que conceder cidadania para homens negros, marrons e asiáticos colonizados e, no caso de algumas partes do mundo, como nos Estados Unidos, escravizados.

A maioria das sufragistas inglesas não escondia o que pensava sobre a relação entre seu direito ao voto e sua identidade racial como anglo-saxãs. O material arquivado daquela época está repleto de evidências dessa verdade nociva: a sufragista Charlotte Carmichael Stopes começa seu relato do "privilégio histórico" das mulheres britânicas citando a "característica racial de nossos ancestrais".[22] Helen

Blackburn, que publicou sua própria história sobre o movimento do sufrágio das mulheres, concorda, sem hesitar, atribuindo a adiantada igualdade entre os sexos na Grã-Bretanha à "superioridade anglo-saxã acima de todas as raças indo-germânicas". Millicent Fawcett, que, como todas as outras sufragistas britânicas, pensava que a democracia representativa tinha começado na Inglaterra, fez a seguinte pergunta retórica: "Por que ela (Inglaterra) não continua a liderar como liderou no passado?" [23]

À medida que o século XX começou e as sufragistas inglesas se aproximavam de conquistar o voto, elas queriam que suas irmãs inferiores colonizadas se engajassem em uma luta paralela. Mas as políticas para as mulheres nas colônias naquela época, particularmente na Índia, estavam marchando na direção de se libertarem do controle colonial. As feministas indianas, como a poeta Sarojini Naidu, entre muitas outras, adotaram o famoso lema de Mahatma Gandhi: "A Índia não pode ser livre até que as mulheres sejam livres e as mulheres não podem ser livres até que a Índia seja livre." Naidu foi líder no "Quit India Movement" [Movimento Deixe a Índia], demandando que os britânicos fossem embora, ou "deixassem" sua terra natal. Ela e centenas de outras mulheres membras do partido participaram da desobediência civil e foram detidas e encarceradas pelos britânicos.[24]

Enquanto isso, as sufragistas britânicas se recusavam a apoiar a luta contra a dominação colonial no exterior. Mesmo que em seu país elas estivessem lutando contra a dominação de homens e a alegação de que as mulheres não podiam cuidar de si mesmas, elas fortaleciam/apoiavam/replicavam/ecoavam esses homens quando se tratava de argumentar a respeito de os indianos não serem capazes de cuidar de si mesmos. Elas queriam que o movimento das mulheres sufragistas indianas parecesse e se comportasse exatamente como uma versão da luta delas, e viram o apoio ao movimento de independência da Índia como um abandono traidor da causa das mulheres.

Ao passo que se recusavam a apoiar as mulheres indianas com seu objetivo político de cuidar de si mesmas, as sufragistas britânicas insistiam em se afirmar como aliadas no projeto de conseguir que as mulheres votassem em um país onde ninguém, homem ou mulher, era livre. As palavras de uma mulher indiana protestando em uma conferência convocada por mulheres britânicas poderiam muito bem ter sido ditas atualmente: "Eu discordei do direito de mulheres britânicas organizarem uma conferência sobre os problemas sociais indianos em Londres, em que todas as oradoras são inglesas e a maioria delas nunca sequer visitou a Índia", disse Dhanvanthi Rama Rau. "Nós (feministas indianas) já estávamos assumindo a responsabilidade por nós mesmas e tínhamos certeza de que poderíamos ser mais bem-sucedidas do que quaisquer forasteiras, especialmente aquelas ignorantes sobre nossa cultura."[25]

Vendo que as feministas indianas não estavam colaborando, as sufragistas brancas decidiram seguir em frente e lutar elas mesmas pelo direito das mulheres indianas de votar (mas não pela liberdade da subjugação colonial). Em 1917, a Associação das Mulheres Indianas foi fundada no sul da Índia, organizada com o objetivo específico de conseguir o direito ao voto para as mulheres indianas. As fundadoras da organização eram, em sua maioria, mulheres brancas, incluindo até mesmo a teosofista Annie Besant. Desde o começo da existência da organização, a liderança do comitê pressionou vários membros do parlamento britânico, inclusive o parlamentar judeu radical Edwin Montagu, de quem esperavam obter o apoio na proposta de dar o direito ao voto às mulheres indianas. Em 1918, a proposta de estender o sufrágio às mulheres indianas foi apresentada diante do Congresso de Deli. Essa proposta tinha o apoio da então dama Millicent Fawcett.

Contudo, as mulheres brancas não conquistaram dos homens brancos o direito ao voto para as mulheres marrons. Em 1918, Viceroy Lord Chelmsford, com Edwin Montagu, convocou o Comitê pelo Direito ao Voto de Southborough para entrevistar mulheres indianas sobre a viabilidade do sufrágio das mulheres. Em 1919, o comitê, que entrevistara apenas mulheres da província de Bengala e Punjab, declarou que não encontrou apoio pelo voto entre as mulheres indianas. O motivo era óbvio. Mulheres indianas queriam votar, mas em um país livre da subjugação colonial inglesa. Qual era de fato o poder do voto em um país escravizado? As mulheres indianas sabiam que, uma vez que a luta pela liberdade estivesse vencida, o direito delas ao voto viria junto, como o Partido do Congresso havia prometido em 1931, dizendo que garantiriam a todas as mulheres o direito delas ao voto quando chegassem ao poder.[26] Quando os ingleses finalmente deixaram a Índia em 1947, os dois países criados em seguida (Índia e Paquistão) concederam o voto às mulheres em suas constituições.

CAPÍTULO DOIS

A solidariedade é uma mentira?

Em 2012, recebi um e-mail de um homem que na época dava aula de políticas do Oriente Médio em um campus-satélite de uma grande universidade do Meio-Oeste dos Estados Unidos. Nós nos conhecíamos por causa da nossa movimentação pelo circuito adjunto de faculdades e escolas da área, e meus alunos me disseram que ele era um professor atencioso e cuidadoso. No e-mail, ele dizia que algumas de suas amigas próximas estavam organizando um evento informal que reuniria feministas de diferentes partes do mundo para uma conversa sobre os direitos das mulheres. A ideia era que o evento fosse aberto para o grande público a fim de gerar interesse local sobre questões internacionais.

Cética com esses eventos e bate-papos bem--intencionados, porém descritos de maneira vaga (e sem o conhecer tão bem), ignorei o e-mail. Nessa época, eu passava os dias representando mulheres em um abrigo para vítimas de violência doméstica e isso tomava boa parte do meu tempo. O auxílio legal motivado por situações de crise que eu oferecia a minhas clientes, a maioria delas mulheres imigrantes negras, marrons e asiáticas, me mantinha ocupada com assuntos urgentes e imediatos sobre imigração e custódia de crianças que seus casos inevitavelmente envolviam.

Dois dias antes do evento, no entanto, recebi a ligação de um amigo. Durante a conversa, ele insistiu que eu comparecesse, ao menos porque também seria uma oportunidade de apresentar à comunidade o trabalho que estava fazendo no abrigo com as mulheres imigrantes. Com relutância, eu disse que iria.

No dia do evento, passei a hora do almoço fazendo algumas anotações sobre o feminismo no Paquistão, assunto sobre o qual entendi que falaria naquela noite. Estava frio e úmido enquanto me arrastava na direção do evento, equilibrando a bolsa e o guarda-chuva. Ao me aproximar, pude ver que as luzes do prédio estavam acesas, e o som de vozes flutuava pela noite. Parecia ser um evento bem cheio, o que me deixou esperançosa com a noite.

Quando entrei, uma loira alta e esbelta de cabelo trançado perguntou se podia me ajudar. Então me apresentei como "uma das palestrantes", informação que imediatamente a fez consultar folhas impressas, mantidas juntas, percebi, por um clip de papel dourado. "Ah, você é a Rafia Zakaria", disse ela, riscando meu nome. "Está atrasada!", exclamou ela, e em seguida me repreendeu de novo, agora com a testa franzida: "E você não está vestindo..." A frase pela metade pairou no ar enquanto ela procurava — sem sucesso — encontrar as palavras corretas. "Suas roupas nativas!", disse ela por fim. E eu fiquei ali parada, em choque, com a tranquilidade com que ela me censurava.

Antes que eu encontrasse uma resposta, a loira encarregada voltou à ação, guiando-me por um labirinto de mesas que se intercalavam por todo o salão. Para todo lugar que eu olhava havia mulheres brancas, todas coradas por conta das tacinhas de vinho "grátis" que a "taxa de entrada" (sobre a qual eu tinha acabado de descobrir) lhes garantia.

"Esta é sua mesa!", declarou a encarregada depois que atravessamos a multidão. Em uma mesa branca havia uma variedade de enfeites que reconheci como as bugigangas vendidas em várias lojas turísticas no aeroporto de Carachi e arredores. Alguém também havia impresso fotografias de diversos pontos históricos paquistaneses, dos tipos que você encontra em guias turísticos e livros fofos para crianças, e as colocou entre brincos, braceletes, chaveiros e capinhas de celulares. Em um pedaço quadrado de papel, alguém escrevera à mão *Feito no Paquistão*.

Enquanto eu observava friamente tudo aquilo, a encarregada decidiu que eu era uma burra que precisava de instruções específicas. Ela se virou para mim e disse: "Então, a ideia é que as mulheres circulem e você tente interagir com elas, falando sobre seu país e mostrando esses artesanatos que estão à venda." Olhei ao redor do salão e, de fato, ao lado de cada mesa estavam mulheres negras e marrons usando suas "vestimentas nativas". Perto de mim estava "Nepal" e um pouquinho mais longe estava o "Quênia". Algumas estavam apenas de pé enquanto outras eram atacadas com perguntas feitas por mulheres brancas que tinham decidido que era isso que contava como participação. "Quais idiomas eles falam no Quênia?", gritou uma. "Quando você veio do seu país nativo para cá?", sondou outra. Era, a coisa toda, um circo; as mulheres brancas eram o público inflamado e barulhento e as mulheres negras e marrons, artistas de outrora.

Fiquei perto da minha "mesa", mas não ao lado dela, como havia sido instruída. Podia me ver pela perspectiva das brancas presentes: lá estava uma mulher marrom e ajudá-la e ao seu tipo era tão fácil quanto comprar um enfeite. Se uma delas se sentisse particularmente generosa e bondosa, podia até mesmo conversar comigo para provar seu comprometimento com a diversidade. Eu me senti enojada.

Isso era um "bazar global", em que os "nativos" de vários países podiam levantar dinheiro para alguma causa notável — orfanatos, má nutrição, educação de garotas ou até mesmo microcréditos. Como extensões das mercadorias, as mulheres que foram chamadas para "palestrar" ficariam obedientemente paradas ao lado das bugigangas que transformam sua cultura em produtos.

Nos minutos carregados de vergonha que se seguiram, ninguém se aventurou a se aproximar da minha mesa ou me fazer qualquer pergunta. Isso foi bom. Eu me senti em suspensão, paralisada pelo medo aliado à expectativa que sentimos quando alguém levanta a mão para nos atacar, antes da pontada de verdade e a queimação do tapa propriamente dito. Estava com raiva, envergonhada, horrorizada. E vi as mulheres negras e marrons fazendo o que foi pedido pela minha encarregada e por outros como ela.

Uma delas veio até a minha mesa. "Houve algum problema?", perguntou ela.

"Sim, há um problema", respondi bruscamente. "Não fui convidada para fazer isso. Me disseram que eu faria uma pequena palestra sobre o Paquistão." Ela me encarou com o olhar de uma professora de escola primária lidando com uma criança bagunceira. "Bom, na verdade é isso, sim; você deve interagir com as pessoas e dar uma pequena palestra", falou ela suavemente. "Nós queremos ser mais informais, sabe."

Eu me senti idiota por ter dito alguma coisa. Por onde começar e como explicar? Fiquei em silêncio e ela se afastou. Quando ela foi embora, peguei minha bolsa e pasta com "anotações" e saí dali para a noite até meu carro. Eu me sentei no escuro por uns bons trinta minutos e chorei.

Ainda consigo sentir o calor da vergonha que tomou conta de mim naquele dia. O evento era degradante porque sua própria organização situava as mulheres negras e marrons como "outras" famintas, que suplicam para chamar a atenção de mulheres brancas. Em vez de uma conversa, aquilo era uma encenação de diferença de poder. As mulheres negras e marrons, suas narrativas, suas histórias, tinham que ser resumidas para caberem no minúsculo espaço de atenção das mulheres brancas que passavam por ali. Fetichizadas e em "vestimentas nativas", elas podiam competir para serem as mais coloridas, as mais atraentes, junto com os enfeites que estavam vendendo. Foi, em suma, um espetáculo em que todos os estereótipos sobre mulheres negras e marrons ou sobre as culturas que representavam eram reafirmados, e a conversa era apenas ocasionada pela possibilidade de uma transação financeira.

•

A ideia de que as outras marrons, negras e asiáticas são, na verdade, apenas sabores a serem consumidos em um grande buffet de países e culturas expostas para clientes brancos está enraizada e impregnada nos mais antigos contatos entre o feminismo branco e as mulheres de cor. Mesmo quando as sufragistas brancas estavam lutando pelo reconhecimento de sua própria pessoalidade, sua indiferença em relação a todas as "outras" mulheres estava exposta. Diferentemente de suas irmãs britânicas, as sufragistas norte-americanas (ainda) não tinham um império inteiro no qual apresentar e celebrar o despertar feminista ou para onde exportar seu movimento por sufrágio. Elas estavam, no entanto, bastante ávidas por exibir suas próprias "novas mulheres", modernas e avançadas, como uma sinalização para a condição das mulheres em toda parte. Tiveram a chance de fazer exatamente isso na Exposição Universal de 1893, em Chicago, na qual se ostentou não apenas como as mulheres brancas norte-americanas viam a si mesmas, mas também como elas viam *o resto do mundo* em relação a si. A geografia de como a Feira Mundial foi organizada naquela época também é importante, um retrato do tipo de visão de mundo que os norte-americanos tinham naquele momento. De um lado estava a reluzente e brilhante "Cidade Branca" do futuro; no meio estava o Prédio das Mulheres, abarrotado com peças de mulheres brancas norte-americanas vindas de todos os cantos do país; e no lado oposto do espaço da feira para o Prédio das Mulheres ficava uma avenida chamada Midwest Plaisance, ladeada por "vilarejos" representando todos os países do mundo.

Ter uma feira tão branca, que excluía as pessoas norte-americanas negras, era polêmico e deliberado. Em 1893, as tensões raciais estavam latentes por causa da Décima Quinta Emenda e da integração dos negros. No início dos meses de planejamento, o presidente Benjamin Harrison selecionou uma comissão de cem representantes de todos os países, todos "puros como amêndoa e brancos como lírio", para tomarem decisões sobre a feira, e foram eles que decidiram chamar a peça principal da Exposição de "Cidade Branca".[1] O principal na peça "Cidade Branca" era a eletricidade e todas as maravilhas que ela podia proporcionar. Havia um bonde elétrico para levar as pessoas de uma parte da grande exposição para a outra. O primeiro "filme" já feito foi exibido, uma sequência de segundos de um homem espirrando, impressionando o público com as imagens em movimento. Havia até uma pequena calçada que se mexia. A Cidade Branca também era, literalmente, branca. Pessoas negras podiam *visitar*, mas entre as milhares de peças, nenhuma era dedicada às conquistas que os negros americanos fizeram nos trinta anos desde que a escravidão fora abolida. Os únicos funcionários negros na exposição, além daqueles contratados para atuar como selvagens africanos ou para servir como carregadores, eram um único capelão militar, uma ou duas enfermeiras e atendentes e alguns mensageiros. Nas palavras de Ida B. Wells e Frederick Douglass, que produziram um panfleto denunciando a exclusão dos afro-americanos: "A história inteira da Feira foi um registro de discriminação contra pessoas de cor."[2]

Mulheres brancas de todos os Estados Unidos, por outro lado, eram celebradas em grande estilo. Pela primeira vez na história do país, havia um "Prédio das Mulheres" expressamente projetado para destacar suas conquistas. Assim, os visitantes da feira podiam ver que as mulheres (brancas) norte-americanas eram, como o restante dos inovadores e ofuscantes empreendedores e engenheiros da Cidade Branca, totalmente modernas.

Designado para inspecionar o Prédio das Mulheres, localizado bem na beira da Cidade Branca, um conselho inteiramente branco de gestoras discutiu sobre qual tipo de mulheres brancas — mulheres ricas da sociedade ou ativistas sufragistas — comandaria a apresentação. A filantropa Bertha Palmer — não uma sufragista, mas esposa de um homem branco muito importante e muito rico — disputou contra Phoebe Couzins — uma sufragista experiente e de origem pobre — a liderança do conselho.

Bertha Palmer queria que a feira "chamasse atenção para a situação econômica [das mulheres brancas] do mundo" e acreditava que mulheres brancas "deveriam ser capazes de fazer tudo o que quisessem, e não deveriam querer fazer *tudo*", mas deveriam se manter "gentis e femininas".[3] Couzins achava que o Prédio das Mulheres deveria destacar a luta sufragista e ser mais abertamente político. Mas nenhuma delas estava sequer interessada em incluir *mulheres negras* na conversa, ou ter as conquistas de mulheres negras refletidas nas peças que tinham a intenção de representar o progresso que as mulheres norte-americanas haviam feito.

A Feira Mundial representava um microcosmo do mundo norte-americano, e o Prédio das Mulheres tinha seu próprio microcosmo. As muitas centenas de peças, desde artesanatos a pinturas e aparelhos domésticos eletrônicos, revelavam o universo das mulheres brancas norte-americanas, como elas se viam. Que nenhuma dessas mulheres, da ativista política Couzins à gentil filantropa Palmer, achasse que a contribuição de mulheres negras era parte da história dos Estados Unidos revela o quanto era normalizada a invisibilização das mulheres negras. Assim como as sufragistas britânicas que discutiam o que era melhor para as indianas, egípcias e africanas colonizadas sem consultá-las, as mulheres brancas norte-americanas permaneceram egocêntricas, alheias ao apagamento de mulheres negras.

Na verdade, não alheias, mas participantes ativas no projeto de apagamento. Ativistas negras, entre elas Ida B. Wells, fizeram uma petição por representação, ou ao menos pela inclusão de um membro como token "que teria o dever de coletar peças de mulheres de cor dos Estados Unidos", mas nada saiu daí, e as contribuições de mulheres negras não foram incluídas no Prédio das Mulheres ou em nenhum outro lugar.

Mulheres brancas, por outro lado, foram celebradas em grande estilo. No terraço do Prédio das Mulheres havia uma sala de chá onde mulheres brancas, cansadas depois de perambular pela exposição, podiam comer um pouco ou apreciar a brisa fresca com uma vista livre da Midway Plaisance. Fugindo do corpo central da Feira, como um membro a mais, a Midway Plaisance era uma estreita e movimentada faixa destinada ao entretenimento e à educação. Entre as bicicletas e os vendedores de aperitivos no espaço da feira havia "vilarejos" modelos representando diferentes países do mundo, e pessoas desses países tinham chegado de navio para povoar aquele lugar. No começo de cada dia, todos os que se apresentavam participavam de um desfile. Vestidos em suas roupas "nativas", eles marchavam para cima e para baixo pelos quase dois quilômetros da Midway a fim de atrair os visitantes aos seus vilarejos. No caso do vilarejo de Daomé, significava que pessoas negras norte-americanas foram contratadas para os papéis de africanos "selvagens", e lhes era permitido apenas bater tambores e fazer barulhos ininteligíveis. Frederick Douglass e outros ativistas negros criticaram enfaticamente a apresentação de Daomé, escrevendo que estava lá para exibir o preto como um selvagem repulsivo.[4] O Midway Plaisance também incluía a "Torre das Belezas", que exibia "ao vivo" mulheres de todo o mundo fazendo uma provocante "dança Hoochie Coochie". Em alguns livros de souvernir, os visitantes da feira eram convidados a categorizar as mulheres do Plaisance da menos à mais bonita. Se o Prédio das Mulheres se tratava das conquistas pessoais da respeitável mulher branca, além de seus limites, a mulher "outra" era exotizada, objetificada e generalizada em um tipo grosseiro.

Lá estava o mundo como os norte-americanos brancos o viam na virada do século XX: homens brancos em seu centro flamejante e iluminado por eletricidade; mulheres brancas abrigadas em seu próprio prédio, celebrando suas conquistas limitadas; e todo o resto relegado à periferia de seu moderno mundo manufaturado, uma rasa caricatura incluída mais pelo valor do entretenimento. Racismo não era surpreendente no século XIX, mas era considerado injusto e tema de protestos mesmo naquela época. O mais chocante é sua similaridade com eventos atuais. O evento "Bazar Global", do qual acabei fugindo naquela noite chuvosa do meio da semana, lembrava muito a Feira Mundial de um século antes.

As mulheres de cor, incluindo eu, não eram tão diferentes das mulheres estrangeiras fazendo a dança Hoochie Coochie ou posicionadas ao longo da Midwest Plaisance. Para nós, "mulheres estrangeiras" com a tarefa de ficar paradas ao lado de mesas exibindo produtos turísticos, assim como para as mulheres negras e estrangeiras na feira, o Prédio das Mulheres das feministas brancas continua impenetrável, um reino de poder, diálogo e ações políticas no qual não somos bem-vindas e nossa ausência nunca foi sentida.

A geografia da feira e a centralidade das mulheres brancas como as únicas com conquistas válidas a serem notadas e elogiadas foi um precursor do que viria. Em 26 de agosto de 1920, a Décima Nona Emenda foi aceita, garantindo o sufrágio para todas as mulheres norte-americanas. O texto declarava: "O direito civil ao voto não deve ser negado ou abreviado pelos Estados Unidos ou qualquer um dos estados em razão do sexo."[5] As celebrações que ocorreram então, e por muitos anos seguintes falharam em perceber que essa não foi uma vitória para as mulheres negras.[6] Embora a emenda barrasse a reserva de votos apenas aos homens, impostos comunitários e um labirinto de restrições baseadas em moradia, competência mental, idade e muitas outras ainda eram válidas em vários estados, com o objetivo especial de suprimir o voto dos negros.

Em 1920, Mary McLeod Bethune, uma educadora norte-americana, política, filantropa, humanitária, mulherista e ativista dos direitos civis viajou pelo seu estado, Flórida, para encorajar mulheres a votar e encarou tremendos obstáculos a cada passo do caminho. Na noite anterior ao Dia da Eleição, em novembro de 1920, homens da Ku Klux Klan vestidos de branco marcharam até a escola de garotas de Bethune a fim de intimidar as mulheres que se reuniam ali em preparação para o voto, tentando impedi-las de votar mesmo que tivessem conseguido colocar o nome na lista de eleitoras. Os jornais em Wilmington, Delaware, relataram que os números de mulheres negras que queriam se registrar para votar eram "incomumente grandes", mas elas foram rejeitadas pela alegação de falharem em "cumprir com os testes constitucionais", sem que fosse especificado quais eram esses testes. O jornal negro *Voice of the People*, de Birmingham, percebeu que apenas meia dúzia de mulheres negras fora registrada, porque o estado aplicara as mesmas regras restritivas para mulheres negras votarem que aplicavam aos homens negros. Algumas mulheres negras votaram em 1920, mas o número era pequeno perto de suas contrapartes brancas.[7] Embora elas tenham feito campanha ativa pelo sufrágio desde o início do movimento, as mulheres negras dos Estados Unidos não conseguiram o direito significativo de votar mesmo depois de o movimento pelos direitos civis encabeçado por Martin Luther King Jr. abrir caminho para o Decreto do Direito ao Voto em 1965. Os progressos feitos a partir dessa lei foram reduzidos em 2013, quando a Suprema Corte dos Estados Unidos derrubou o decreto, abrindo novas vias para a exclusão de eleitores, tais como o expurgo de listas de eleitores, o fechamento de locais de votação e a criação de leis relacionadas à identificação dos eleitores — tudo isso se tornou um problema nas eleições norte-americanas de 2020. É válido lembrar que quando a vitória das sufragistas é comemorada no mês de agosto, são as feministas brancas, em geral, que estão sendo celebradas, com a centralização contínua daquelas icônicas feministas brancas com históricos de pontos de vista racistas.

•

Até mesmo as feministas brancas norte-americanas que advogaram apaixonadamente pelos direitos civis dos negros americanos não tinham, no geral, discernimento para apoiar politicamente as aspirações de suas "irmãs" ao redor do mundo (ou até mesmo entender as lutas interseccionais das mulheres negras em seu país, porém falarei sobre o assunto mais adiante). Nisso, elas seguiam Simone de Beauvoir, filósofa e autora do texto originário do feminismo publicado em 1949, *O segundo sexo*. Está na moda atualmente celebrar Beauvoir como uma filósofa de seus próprios direitos, responsável pela visão principal da filosofia existencial pela qual seu parceiro de muito tempo, Jean-Paul Sartre, tomou crédito, incluindo, mas não se limitando, a ideia de "outro". Ainda assim, a obra dela também é fundamental em estabelecer a mulher branca como "a" mulher, o objeto universal do feminismo.

O objetivo de Beauvoir em *O segundo sexo* é simplesmente este: construir para as mulheres uma posição de sujeito universalizável e generalizável para que elas pudessem começar a existir no reino da filosofia. Até então, apenas homens brancos tinham ocupado essa posição de sujeito generalizável e universalizável para os filósofos europeus.

Isso por si só é um objetivo valioso, mas ao comparar "mulheres" aos "outros", entre os quais os negros e os judeus, Beauvoir demonstra estar pensando em "mulheres" como apenas as mulheres brancas. Desde as páginas introdutórias de *O segundo sexo*, Beauvoir identifica a "outridade" como uma categoria fundamental e a mulher como o principal "outro", de forma semelhante a como "os nativos de um país veem habitantes de outros países como 'estrangeiros', judeus são os 'outros' para os antissemitas, negros para os racistas americanos, os povos nativos para os colonizadores, os proletários para as classes com posses".[8] Na visão de Beauvoir, assim, as justificativas para as condições inferiores de raça, classe e casta não só são comparáveis, mas, em algum grau, iguais. Estereótipos em relação ao "caráter judeu" e à "alma dos negros" são, na visão dela, equivalentes aos estereótipos sobre o "eterno feminino". Dessa forma, ela vê cada um desses como sistemas discretos de opressão que podem ser comparados, mas não sobrepostos.

Comparações entre mulheres e negros são frequentes em seu livro, mas elas nunca se encontram na, digamos, categoria "mulher negra". Em uma seção, Beauvoir compara o racismo antinegro ao antifeminismo, dizendo que antifeministas oferecem a condição "separada, mas igual" às mulheres da mesma maneira que Jim Crow sujeita os negros às formas extremas de discriminação. Segundo ela, há "profundas analogias" entre mulheres e negros; ambos precisam ser libertados do mesmo paternalismo e da mesma classe poderosa que deseja mantê-los em seus lugares. Em toda comparação que Beauvoir faz entre mulheres e negros, no entanto, os negros são presumidos como norte-americanos e homens, e as mulheres são presumidas como brancas. Em *O segundo sexo*, ela usa o personagem Bigger Thomas, do livro *Native Son*, de Ralph Ellison, para evocar o paralelo — mas sem interseccionar — com a situação das mulheres: "Ele observa os aviões passando e sabe que, por ser negro, o céu está fora de seus limites. Porque ela é mulher, a garota sabe que o mar e os polos, mil aventuras, mil alegrias lhe são proibidas: ela nasceu do lado errado."[9] Parece não lhe ocorrer que alguém pode ser oprimido por ambos os sistemas, raça e gênero.

    Mais adiante no livro, Beauvoir muda o foco de sua atenção para a singularidade da opressão das mulheres. Diferentemente de negros e judeus, argumenta, mulheres não podem traçar sua opressão até um evento histórico. Assim, ela ofusca o sofrimento e a opressão de mulheres negras, marrons e judias e, mais uma vez, posiciona a classe "mulheres" como branca e cristã. Categorias como essas determinam os fundamentos epistêmicos, e o foco das mulheres como brancas exclui as mulheres de cor tanto da categoria filosófica resumida aqui quanto dos retratos nas referências históricas. Mesmo quando ela pretende fazer um estudo das mulheres na história, Beauvoir decide focar apenas nas mulheres do Ocidente, mais especificamente na França, dispensando ao restante da história uma nota de rodapé.[10] Essa nota centralizada no Ocidente nem é a única problemática em *O segundo sexo*. Em outra nota, ela comenta que "a história da mulher no Oriente, na Índia e na China tem estado sob o efeito de uma longa e imutável escravidão".[11] Ela não sabia que dois anos antes da publicação de seu livro as mulheres indianas tinham derrotado o império britânico e conseguido o direito ao voto? Em outra parte, ela explica essa característica particular e especial das relações do gênero no Ocidente moderno. "Quanto mais o homem se torna individualizado e clama por individualidade", escreve, "mais ele certamente vai reconhecer também em sua companheira um ser livre e individual. O oriental, despreocupado com seu destino, está contente com uma mulher que é, para ele, (um objeto de prazer), mas o sonho de um ocidental, uma vez que ele ascende à consciência de sua própria singularidade, é ser reconhecido por outro ser humano, ao mesmo tempo estranho e dócil."[12]

As próprias concepções de Beauvoir sobre a consciência e o progresso dos ocidentais é estimulada pela reintegração descuidada de estereótipos comuns de seu local e época, nos quais o "oriental vive, no Oriente, uma vida de tranquilidade oriental, em um estado de despotismo e sensualidade oriental"; o próprio Oriente é "separado, excêntrico, retrógado, silenciosamente indiferente, penetrável pela feminilidade"; e a narrativa de progresso humano se desdobra no Ocidente "contra a culturalmente atemporal estática do Oriente, que nunca alcança a situação de liberdade e história humana".[13]

Assim como Beauvoir destitui as mulheres indianas como presas em escravização perpétua, ela constantemente usa "escravidão" para descrever a condição das mulheres, e agora sabemos que se referia apenas a mulheres brancas. Ainda assim, durante suas visitas à América e com acesso às bibliotecas, ela deveria conhecer os horrores encarados em particular pelas mulheres negras que tinham vivenciado escravização de verdade.

Há traços nocivos aqui das mesmas crenças que as sufragistas britânicas também carregavam, de que as mulheres brancas, em comparação com os homens brancos, os mais evoluídos dos homens, automaticamente merecem igualdade e um tratamento melhor do que as mulheres selvagens e os homens primitivos.

Hoje, Simone de Beauvoir foi elevada ao posto de heroína feminista atemporal. Ainda assim, por meio de sua poderosa influência, suas crenças na supremacia da cultura do Ocidente e na essência da mulher branca como modelo para todas as mulheres se tornaram a própria epistemologia do feminismo. Sucessoras como Betty Friedan, autora de *A mística feminina* — que chamou Beauvoir de "heroína intelectual da nossa história" e deu a ela o crédito de tê-la "iniciado no caminho" do feminismo —, repetiram os seus erros.[14] Friedan foca na anomia ("problema sem um nome") vivenciada por mulheres brancas de classe média e alta, cujo único foco eram a casa, os filhos e o marido, e como Beauvoir, Friedan utiliza o termo "mulheres" para se referir a essas mulheres.

Em 1970, outra sucessora de Beauvoir, a feminista radical norte-americana Kate Millett tentou fazer melhor ao forjar solidariedade em relação a mulheres não ocidentais. Ela criou fundamentação teórica para o que veio a ser conhecido como a segunda onda do feminismo em um livro chamado *Política sexual*, um distinto amálgama de crítica literária e estudo sociológico que disseca a obra de três heróis literários e artísticos norte-americanos — Norman Mailer, John Ruskin e Henry Miller — para expor como o patriarcado serve como a organização central dos princípios da sociedade norte-americana. Um crítico deu a ela o crédito de ter "destruído a autoridade do autor homem".[15]

Eu amei *Política sexual* quando o li, décadas depois (assim como amei Beauvoir; fiquei magoada ao descobrir seu preconceito orientalista). Admirei a irreverência de Millett e também me senti atraída por seu interesse em solidariedade feminista constituída a partir de um tipo de questionamento radical que podia ser construído no livro. Como escreveu Alix Shulman, autora e feminista radical, o livro tenta desenvolver nos leitores um saudável "ceticismo epistemológico", isto é, um enorme questionamento das fundações do conhecimento que produziram certa ideia, texto ou filosofia.[16] O propósito dessa posição era olhar para o mundo sem considerar qualquer verdade fundamental como incontestável, ou sua existência isolada.

Millett moldou o feminismo como uma oposição a muitas verdades determinadas, confortável em sua leitura do mundo pelas lentes do gênero. A posição de Millett em relação ao ceticismo epistemológico direcionada ao cânone literário criado por homens brancos pode também ser aplicada à combinação de privilégio racial com pensamento feminista. Se todas as mulheres adotassem essa perspectiva, me pergunto, seria possível evocar uma verdadeira solidariedade feminista? No tempo em que os Estados Unidos estavam no ápice da revolução sexual, Millett argumentou que sexo não era, afinal, apenas sexo. Sexo entre um homem e uma mulher era uma questão de poder, e por isso, político. Assim como ela revelou o poder desigual nas dinâmicas dos encontros sexuais, a "solidariedade feminista" também é um projeto político que inerentemente envolve conflito e contestação. Não pode ser um saboroso amálgama de encontros, conferências, oportunidades para fotos e palestras. Construir uma verdadeira solidariedade feminista envolve expor e escavar a supremacia da branquitude dentro do feminismo hoje. Mas até mesmo Millett achou difícil submeter a si mesma, e a dominância de mulheres brancas no feminismo, ao mesmo tipo de ceticismo epistemológico que ela aplicava às cenas de sexo na literatura escrita por homens brancos.

Feminista lésbica e socialista que acreditava em um sólido internacionalismo, Millett decidiu, em 1979, testar seu próprio universalismo contra a realidade de trabalhar em solidariedade com outras mulheres que eram feministas, mas não eram brancas nem norte-americanas. Idealista e bem-intencionada (como tantas outras feministas brancas da época e da atualidade), Millett estava interessada em colaborar com outras mulheres na base da igualdade e do aprendizado mútuo, um aprendizado relacionado às diferenças de poder com as quais raça, nacionalidade e classe tinham que lidar. Então ela decidiu ir ao Irã.

Ela conhecia um pouco sobre o país; nos anos e meses anteriores a sua ida ao Irã, Millett tinha feito críticas às políticas externas dos Estados Unidos, em particular ao envolvimento no Irã, principalmente a instalação do xá por um golpe orquestrado pela CIA. Contudo, ela parecia um pouco despreparada ao chegar em Teerã: "A primeira visão delas foi terrível. Como melros, como a morte, como o destino, como tudo de estranho. Estrangeiras, perigosas e nada amigáveis. Havia centenas delas, como fantasmas que aglomeravam a barreira, esperando os seus. Um mar de chadores, os terríveis véus longos, a extensão completa deles, como vestidos descendo ao chão, antigos, poderosos, nos aniquilando."[17] Essas mulheres iranianas dificilmente pareceriam adequadas ao projeto de solidariedade política feminista que a jovem Millett, que havia sido criada na agitação dos anos 1960 e nas transformações dos anos 1970, tinha ido executar no Irã.

As coisas melhoraram depois que Millett e sua amada, a jornalista Sophie Kier, se encontraram com ativistas do Comitê de Liberdade Artística e Intelectual do Irã, o grupo que a convidou para participar de sua celebração do Dia Internacional das Mulheres naquele

8 de março de 1979. A maioria delas, se não todas, era filiada ao Partido Comunista de Tudeh e tinha protestado contra o xá por anos. Durante seu regime, o xá baniu a celebração do Dia Internacional das Mulheres, preferindo que as mulheres iranianas celebrassem o dia que ele ordenou que elas removessem os véus. Então o grupo fez questão de incluir mulheres que usavam véu em seu programa, para ressaltar que a questão de usar ou não o véu não se baseava em um progressismo de verdade e que a liberdade política estava no centro do populismo de esquerda deles.

Efervescentes e idealistas, essas ativistas, que tinham passado os meses anteriores protestando nas ruas de Teerã, jovens e chiques, com desdém pelo medo, enfeitiçaram Millett. Entre 5 de março, quando ela chegou, e 8 de março, quando daria uma palestra, os dias foram repletos de manifestações políticas, marchas pelas ruas, se agrupando e planejando neste e naquele quarto de hotel ou apartamento. Durante esse período, Millett pareceu entender que cobrir ou não mulheres era parte de um teatro político da revolução e que existia um significado político mais complexo do que ela presumia quando caracterizara as mulheres com véu como pássaros predatórios durante suas primeiras horas no Irã. Embora a maioria das mulheres no CAIFI [Comitê de Liberdade Artística e Intelectual do Irã] não usasse véu, elas insistiam em buscar mulheres que usassem, acreditando que a solidariedade entre *todas* as mulheres era o que essencialmente importava; também sabiam que, em um país no futuro pós-xá, não poderiam se dar ao luxo de excluir mulheres iranianas de religiões conservadoras. Elas queriam mostrar a todos os iranianos, e às mulheres iranianas em particular, que a esquerda e o Partido de Tudeh apoiavam a liberdade política de todas as mulheres, não só a modernidade superficial que a remoção do véu implicava.

A ideia de que mulheres com véu tinham identidade política e visões feministas era novidade para Millett. No seu relato do evento, ela descreve a primeira oradora, que "teve quatro de seus filhos mortos na revolução", não como um pássaro predatório, mas como adornada por uma "bela vestimenta", e suas palavras eram como "atiçadores de lareira".[18]

Contudo, apesar de seu entusiasmo e abertura para aprender e compreender, Millett não podia repelir por completo o papel de "mulher branca no comando" que as feministas brancas tendem a assumir quando cercadas de mulheres de cor. Ainda mais triste foi que ela nem sequer soube aplicar a ideia de ceticismo epistemológico da qual foi pioneira ao expor as diferenças de poder envolvendo o encontro sexual heterossexual na diferença de poder entre ela e suas contrapartes feministas iranianas. A branquitude e a ocidentalidade, naquela época, assim como hoje, conferem privilégio e poder independentemente do consentimento de quem os carrega. Muitas vezes mulheres brancas cooperam enquanto fingem que tudo isso foi conquistado, ou que não existe. Isso ficou evidente quando Millett apareceu diante da imprensa estrangeira.

Desde o começo, Millett *queria* que as mulheres iranianas se envolvessem elas mesmas com a imprensa internacional, mas ela parecia ignorar a possibilidade de que, em um país destruído pelo envolvimento dos Estados Unidos, a escolha de *não* se envolver com a imprensa ocidental poderia por si só ser um posicionamento político legítimo mantido pelas combatentes da liberdade das mulheres que queriam que suas credenciais antiamericanas ficassem evidentes. Essas mulheres combatentes com quem Millett estava tão encantada não compartilhavam de seu entusiasmo em se envolver com a mídia ocidental, e estavam focadas, em vez disso, em protestos que transformariam o Irã no lugar da narrativa que seria transmitida para o mundo ocidental.

Procurada pela imprensa ocidental, ávida em tratá-la como porta-voz do Movimento das Mulheres Iranianas, Millett se convenceu de que era, de fato, a representante do "resto do mundo" no Irã naquele momento, e que mudar a narrativa a respeito das mulheres iranianas era importante demais para tratar de forma trivial, tivesse ela ou não o direito de servir em tal papel. "Neste momento, sou uma feminista em uma luta que estão chamando de espionagem, provocação imperialista ou qualquer outra coisa que conseguem inventar", escreveu ela. "Se posso contar o meu lado, a verdade tem a oportunidade, eu tenho a oportunidade, todas as mulheres daqui têm a oportunidade de prosseguir."[19] Por bem ou por mal, uma mulher branca tinha mais uma vez se colocado como responsável em falar por mulheres que não eram brancas. Millett se utilizou da legitimidade automática conferida a ela, uma mulher branca norte-americana, por outros ocidentais, e se colocou no centro da luta por liberdade e justiça que ia além de seu conhecimento e experiência. Nem todas as mulheres iranianas gostaram disso.

Millett falhou em aplicar sua técnica de ceticismo epistemológico e a análise de quem tem o poder de fala e por quê ao permitir que sua branquitude e sua ocidentalidade impusessem sua perspectiva de análise a uma situação que nunca tinha sido a seu respeito, tornando-a a primeira lente por meio da qual o mundo ocidental via o Irã e as mulheres iranianas naquele momento.

Gloria Steinem e Simone de Beauvoir também tinham sido convidadas pelo CAIFI para participarem das celebrações do Dia Internacional das Mulheres. Millett tomou as dores em seu discurso ao retratar outras feministas brancas e ocidentais como genuinamente preocupadas com suas irmãs no Irã. Ela começa "com saudações de Gloria [Steinem], Robin [Morgan] e Angela Davis". Na realidade, Millett percebe, a maioria das mulheres famosas como Steinem tinham-na enrolado, ignorando suas mensagens e não retornando suas ligações.

Essa atitude de estar ocupada-demais-para--ligar-de-volta das feministas VIPs mudou assim que o mundo percebeu que uma revolução estava em andamento no Irã. De repente, todas as feministas, incluindo Steinem, queriam entrar em ação, e Millett teve que explicar por que mais mulheres brancas provavelmente não ajudariam em nada (Steinem, ex-funcionária da CIA, poderia ser um problema em particular) e desviariam a atenção das mulheres iranianas. Em vez disso, ela pediu por "grana para escritórios, para começarem publicações" e ajuda para conseguirem publicar artigos — toda e qualquer coisa para que "saibam que estamos com elas". Nenhuma dessas ajudas práticas chegou (exceto na forma de um empréstimo das feministas francesas para pagar a conta do hotel de Millett e Kier). Não muito tempo depois de seu telefonema a Steinem, Millett foi deportada do Irã.

Como uma estrela menor no firmamento feminista branco, Millett se tornou territorialista em relação às mulheres iranianas, agora funcionando como uma expert no que os outros deveriam fazer. Nessa conversa feminista branca, as mulheres iranianas eram periféricas, e a coragem de Millett para estar lá se tornou a questão principal. Como a maioria das feministas brancas de hoje e da época, ela explicou seu erro em tomar o papel de porta-voz como uma questão de boas intenções. Ela queria ajudar — mesmo sem nunca ter sido capaz de responder à pergunta: "Como você ajuda? Como diabos você ajuda?"[20]

Na época da viagem de Millett, o importante trabalho no qual Kimberlé Crenshaw cunhou o termo "interseccionalidade", argumentando que raça e gênero deveriam *ambos* ser considerados em casos jurídicos envolvendo mulheres negras requerentes, ainda estava a uma década no futuro. A lógica de Crenshaw, se aplicada à viagem de Millett ao Irã, poderia ter sugerido que a identidade religiosa-cultural das feministas iranianas era tão importante na compreensão da situação delas quanto o gênero, e que a posição política delas era mais complexa do que uma mulher branca visitando o país poderia perceber de imediato.

A presunção tácita de Millett de que o feminismo no Irã deveria seguir o mesmo modelo do feminismo ocidental — incluindo suas estratégias de uso da mídia — foi o fracasso de uma compreensão multidimensional.

Na teoria, algumas feministas brancas de hoje parecem ávidas por acertar contas com o papel da branquitude dentro do feminismo. A hesitação, o desconforto, a contorção nas cadeiras e, por fim, o afastamento vêm mais tarde, quando textos fundamentais ou heroínas há muito adoradas se tornam objeto desse ajuste de contas. O ceticismo epistemológico tem o potencial de revelar debilidades, preconceitos ocultos, ou apenas o racismo descarado. Revela como e por que o termo geral "mulher" tem, no mundo ocidental, sido intencionalmente empregado para se referir a mulheres "brancas".

Podemos pegar o que é útil dos textos pioneiros de Beauvoir e Millett ao expor e extirpar suas bases no privilégio branco e até mesmo no preconceito? Ou todas as feministas brancas que cometeram erros racistas e centrados no Ocidente deveriam ser eliminadas da história do feminismo? No acerto de contas que precisa ocorrer para que o feminismo represente todas as mulheres, as feministas devem questionar se extirpar uma ou outra ideia do corpus de uma heroína ainda permite que o resto se conserve. A obra de Simone de Beauvoir está no centro do despertar de muitas feministas brancas, mas seu apagamento de mulheres negras, a destituição das mulheres marrons, está também incrustado na ideia do "eu" e do "outro".

Os casos de Simone de Beauvoir e Kate Millett revelam a falta de espaço epistemológico na teoria feminista branca para uma compreensão verdadeira das mulheres que são afetadas por mais de um sistema opressor. Beauvoir sem dúvida reconhece tanto o sistema de raça quanto o de gênero como opressor, mas ainda imagina a opressão baseada em raça acontecendo contra homens negros e a opressão baseada em gênero acontecendo contra mulheres brancas. E, apesar de seu esquerdismo radical, Millett não conseguiu, por exemplo, entender por que ter assumido com tanta facilidade o papel de porta-voz esmagou a possibilidade de conquistar a mesma solidariedade pela qual ela e suas irmãs feministas brancas estavam tão ávidas. Mas, ao reunir as ferramentas intelectuais do ceticismo epistemológico de Millett e o entendimento de interseccionalidade de Crenshaw, uma verdadeira solidariedade feminista poderia finalmente nascer?

Atualmente, das Feiras de Arte em Indiana, onde mulheres africanas dançando e artistas de henna de pele marrom são entretenimento, aos seminários feministas em Nova York, o feminismo branco é ainda inquestionavelmente apresentado como o feminismo. Se as mulheres de cor têm papéis no feminismo branco, elas fazem pontas, são o elenco de apoio ou alvos de pena, implorando por sobrevivência, por uma escola ou uma clínica médica, em vez de seres humanos inteiros e complexos. É esperado que sejamos contadoras de histórias tristes, em que detalhamos como nossos homens particularmente brutais, nossa cultura inerentemente falha, nossa religião singularmente draconiana (mas nunca as ações ou inações de pessoas brancas) nos causaram uma dor indescritível. Da parte delas, as feministas brancas nos oferecem preciosas, e talvez justas, indignações contra a selvageria das nossas culturas nativas, que nos deixaram em tal desordem sem esperança, dignas de pena, mas esperando pacientemente por sua intervenção (pela força ou pelo dinheiro) a fim de que tudo seja resolvido.

CAPÍTULO TRÊS

O complexo industrial do salvador branco e a feminista ingrata de pele marrom

Durante muito tempo, os pesquisadores de desenvolvimento profissional, as ONGs e as Nações Unidas tentaram extinguir os fogões a lenha na região rural da Índia. Nos anos 1990, depois que a Declaração de Pequim estabeleceu uma política genérica de "igualdade, desenvolvimento e paz para todos", a extinção dos fogões a lenha se tornou o foco de feministas, defensores da modernização, ativistas ambientais e uma série de outros reformistas. Juntos, lançaram-se à tarefa de permitir às mulheres indianas da zona rural participar de um modelo econômico assalariado, dando-lhes fogões melhores do que aqueles que, de acordo com escavações feitas na região, vinham sendo usados desde 1800 antes da era comum. O projeto geraria empoderamento, ar mais limpo e acabaria com a devastação das florestas. A Aliança Global por Fogões Limpos da ONU prometeu distribuir 100 milhões de "fogões limpos" até 2020. O Banco Mundial arrecadou um total de 130 milhões de dólares com doações de treze países para o fornecimento de fogões limpos.

Mas ninguém perguntou às mulheres que de fato cozinhavam se elas queriam fogões novos, nem pensaram nos motivos pelos quais, como acabou acontecendo, elas *não* os quiseram: para começar, o ato de recolher a lenha (que não envolve derrubar árvores nem tem o impacto ambiental que se acreditava) vinha sendo, durante séculos, um ritual por meio do qual as mulheres da zona rural estabeleciam e mantinham seus vínculos sociais. Era nessas trocas que elas debatiam como resolver seus problemas, como superar as muitas dificuldades enfrentadas pela comunidade, compartilhavam alegrias e perdas, além de notícias de familiares e amigos. Era parte essencial da socialização das mulheres nessas regiões.

Além disso, muitas, ou talvez a maioria, dessas mulheres rejeitavam a ideia de que o caminho do empoderamento era se lançar ao trabalho assalariado em vez de literalmente cuidar da própria lareira: cozinhar e cuidar da casa era visto por elas como um exercício de poder. Manter-se fiel às receitas tradicionais e àquela maneira de cozinhar que exigia os fogões antigos refletia seu compromisso com as tradições, algo que acreditavam ser a base de suas vidas e de suas famílias.

Em sua acepção original, empoderamento era compreendido como algo nitidamente diferente da relativa falta de sentido que a palavra carrega nos dias de hoje. No início dos anos 1980, uma feminista indiana chamada Gita Sen e um grupo de pesquisadoras feministas, ativistas e líderes políticas do sul global se juntaram para fundar o projeto Mulheres por um Desenvolvimento Alternativo para uma Nova Era (DAWN, na sigla em inglês). Com base em Bangalor, na Índia, o coletivo buscava amplificar as vozes das mulheres do sul global.[1] Naquela época e até hoje, os termos do "desenvolvimento internacional" ou mesmo a distribuição de ajuda para as nações pós-coloniais eram em sua maioria impostos pelo norte global para o sul global — e isso incluía impor os objetivos de feministas brancas e ocidentais a mulheres que não eram nem brancas nem ocidentais, e não necessariamente compartilhavam de suas preocupações.

Em seu livro *Desenvolvimento, crises e visões alternativas: perspectivas das mulheres no terceiro mundo*, que tem como base o trabalho coletivo do DAWN, Sen escreve, com acidez: "Talvez porque o movimento feminista ocidental (principalmente nos Estados Unidos) ganhou força entre o fim dos anos 1960 e o início dos anos 1970, uma época em que o emprego, os serviços sociais e o salário (ao menos da maioria branca) estavam relativamente protegidos dos impactos da economia mundial, conquistar a equidade em relação aos homens brancos passou a ser o foco central da corrente predominante do movimento."[2] Assim, as feministas brancas ocidentais foram capturadas pelo ideal de igualdade entre os sexos nos espaços educacionais e profissionais em que viram a oportunidade de acessar, e ignoraram solenemente as mulheres mais pobres e de cor que defendiam o argumento de que a "igualdade em relação a homens que, eles mesmos, sofrem com desemprego, salários baixos, condições de trabalho precárias e racismo dentro da estrutura socioeconômica existente não parece ser uma meta adequada ou digna."[3] Sen não estava defendendo o fim da busca pela igualdade dentro do feminismo, mas que se percebesse o quanto a pauta feminista, internacionalmente e em particular dentro do universo da ajuda humanitária e do desenvolvimento, estava sendo definida com base no que interessava a mulheres brancas de classe média nos Estados Unidos e na Europa. Então, ela e as feministas do DAWN criaram a "abordagem de empoderamento", guiadas pela compreensão de que os paradigmas de desenvolvimento existentes — definidos por brancos e impostos de cima para baixo — não haviam provocado nenhuma mudança real nas condições de vida das mulheres do sul global. Em vez disso, elas propunham uma abordagem ascendente, em que as organizações da sociedade civil poderiam ser as verdadeiras "catalisadoras das visões e perspectivas das mulheres" e guiariam as mudanças estruturais necessárias dentro de cada sociedade. O cerne da visão de empoderamento do DAWN era a "mobilização *política*", amparada na educação e na promoção de desenvolvimento "livre de todas as formas de opressão por sexo, classe, raça ou nacionalidade".[4]

Portanto, o antirracismo e a mobilização política eram cruciais para a ideia de empoderamento que começava a surgir no sul global. O trabalho de Sen e do DAWN fortaleceu outras feministas da região para que falassem sobre o assunto e refinassem o conceito no decorrer dos anos 1980. Por exemplo, a pesquisadora e ativista indiana Srilatha Batliwala definiu empoderamento como "um processo transformador de relações de poder entre indivíduos e grupos sociais". Batliwala afirmava que assumir uma postura feminista pressupunha questionar todas as formas existentes de poder, além das ideologias que justificavam a subordinação da mulher. Sen, Batliwala e outras feministas do sul global diferenciavam "empoderamento" de "poder"; o segundo era um simples sistema de dominação, já o primeiro era "um poder político coletivo utilizado pelas organizações da sociedade civil" para "realizar coisas". Era isso que essas feministas buscavam, um projeto muito diferente de simplesmente tomar dos homens as rédeas do status quo e, em seguida, elas mesmas dirigirem.

Quando Sen e o DAWN criaram sua ideia de empoderamento, poucas agências de desenvolvimento se interessaram em ouvir. Muitas delas, com as organizações doadoras, consideraram "empoderamento" um conceito muito radical. Todos os governos ignoraram a ideia e não ofereceram nenhum apoio a suas pautas. Outras organizações poderosas, como a americana Organização Nacional de Mulheres, também ficaram em silêncio. As feministas do Ocidente, naquela época, incluindo as que trabalhavam com desenvolvimento ou estavam à frente de outras organizações internacionais, relutavam em apoiar projetos "políticos".

No entanto, com o tempo, o termo começou a ter aceitação. Em 1994, na Conferência Internacional sobre População e Desenvolvimento que aconteceu no Cairo, dez anos depois da fundação do DAWN, a definição do conceito criado por Sen foi aceita e recebeu reconhecimento internacional no circuito de conferências da ONU. No ano seguinte, veio uma vitória ainda maior, na 4ª Conferência Mundial sobre as Mulheres, em Pequim, com a adoção de uma plataforma de ação que se descrevia como "um plano para o empoderamento das mulheres" e buscava "o empoderamento das mulheres e sua plena participação em todas as esferas da sociedade com base na igualdade".[5]

A vitória foi uma faca de dois gumes para as feministas que originalmente lutavam pelo empoderamento do sul global. O termo foi sendo cada vez mais usado, tanto no universo do desenvolvimento quanto no discurso das correntes predominantes do feminismo ocidental, mas sua definição ficava cada vez mais vaga — e cada vez mais desconectada da ideia de uma atuação política coletiva.

No "desenvolvimento" existente na imaginação dos potenciais salvadores ocidentais não havia espaço para agitação política, já que isso poderia reduzir o poder que os doadores do Ocidente tinham sobre os beneficiados. A ajuda a curto prazo aumenta esse poder e ainda alivia a consciência dos brancos, mas desenvolver estruturas políticas alternativas pode ser incompatível com o modo pelo qual o Ocidente construiu sua riqueza, ou até mesmo desafiá-lo. O "empoderamento" em seu sentido original jamais poderia ser incorporado à ideia de "desenvolvimento" dos órgãos de "ajuda internacional". Então, embora as feministas do DAWN tenham contestado ferrenhamente os programas implantados de cima para baixo e que acabavam com as perspectivas das próprias mulheres, a distribuição de auxílios continuou sendo decidida pelos doadores.

Se o programa de fogões limpos evitou olhar para os aspectos culturais, outras iniciativas feministas de desenvolvimento que vieram depois demonizavam a cultura deliberadamente, apontando-a como a fonte de todo o atraso e das dificuldades das mulheres — o que era usado como distração para impedir qualquer conversa sobre política. Então, por exemplo, um programa contra crimes de honra no Paquistão condenava as crenças locais que levavam à ocorrência desses crimes, mas não proporcionava à população local qualquer formação educacional e discussão política que levasse as mulheres a contestar e transformar os conceitos de masculinidade tóxica por trás desses crimes. Como resultado de um investimento de longo prazo nesse programa, houve a criação de leis contra crimes de honra, mas não se viu nenhuma redução no número de assassinatos nos anos seguintes.[6] A lei existia no papel, mas a incapacidade de atingir uma transformação social e cultural — o tipo de coisa que Sen idealizara — significava que o crime continuava se perpetuando.

Sob o véu de mandatos políticos técnicos e procedimentos de monitoramento elaborados, muitos dos programas de desenvolvimento encorajavam a despolitização das questões.[7] Entrevistas com quadros femininos desmobilizados durante as negociações de paz na Colômbia mostram como tudo acontecia: "Essas ONGs, como a OIM [Organização Internacional para Migrações], que foram trazidas para cá pelo governo Santos, se diziam neutras. Elas nos davam a oportunidade de aprender a cortar cabelo ou maquiar. Perguntavam se queríamos máquinas de costura."[8] Essas mulheres tinham chegado ao ponto de pegar em armas porque queriam mudanças e direitos políticos. Em vez de contribuir com suas identidades políticas, a intervenção da ONG tentou colocá-las de volta num papel domesticado de gênero e despolitizá-las. Ainda que a razão em si para a existência de uma ONG seja política, elas viam seu papel como técnico, e a política como uma inconveniência que tornava seu trabalho mais difícil. Dessa forma, a resistência política, na Colômbia ou em qualquer outro lugar, é "ONGnizada".

•

Por volta de 2000, 2001, a palavra "empoderamento" aparecia ao lado de "oportunidade" e "segurança" como os três pilares do programa de combate à pobreza do Banco Mundial — alinhando o conceito de empoderamento a valores capitalistas de crescimento e geração de riqueza (oportunidade) e a políticas conservadoras e antirrevolucionárias (segurança). Em 2006, o Banco Mundial se distanciou ainda mais dos preceitos originais de empoderamento, associando--o explicitamente a poder econômico e progresso: "A comunidade global deve voltar sua atenção ao empoderamento econômico das mulheres e aumentar o investimento nelas. Não apenas as mulheres se beneficiarão com seu empoderamento econômico, mas também os homens, as crianças e a sociedade como um todo; em suma, os argumentos comerciais para expandir as oportunidades econômicas para as mulheres estão se tornando evidentes." Transformações políticas e sociais não foram sequer mencionadas, e mais: a única razão para investir nas mulheres era porque seria bom para os negócios.[9]

O Banco Mundial não estava sozinho; a política também foi completamente abandonada e considerada muito radical em outras definições daquilo que agora poderia ser chamado de "empoderamento light", usadas nessa mesma época por uma sopa de letrinhas de organizações de ajuda governamentais e não governamentais. Mesmo para aqueles que queriam doar dinheiro a programas de assistência a pessoas pobres e mulheres, quaisquer ligações aparentes entre as mulheres pobres e a mobilização política — qualquer indício de que talvez as mulheres fossem pobres, ao menos em parte, *por causa* das políticas que os doadores apoiavam ou estimulavam — eram consideradas ameaçadoras demais para a autocrítica dos bondosos doadores.

Com frequência, as agências de desenvolvimento separavam em seu orçamento os programas de empoderamento político e empoderamento econômico, de forma a haver poucas chances de uma abordagem holística que encarasse as duas coisas como interconectadas. A separação também levava as agências a priorizar uma acepção de empoderamento mais associada a instituições formais e autonomia individual.

Até mesmo com o termo "autonomia", a ênfase era no ator econômico que contribui para o "crescimento", no sentido de PIB e lucro, e muito menos na experiência qualitativa do trabalho, da economia de cuidados não remunerados e menos ainda nas questões de autonomia sobre o próprio corpo.

Nos anos seguintes à conferência da ONU em Pequim, houve também uma evolução na definição de valor. No rastro da suposta vitória do capitalismo na Guerra Fria, "valor" significava a possibilidade de as mulheres arranjarem um emprego e monetizarem seu tempo. Todas, desde as beneficiadas pelos programas que estavam tendo seu progresso planejado até as feministas brancas em Genebra e Nova York, que o estavam planejando, agora tinham que maximizar seu valor.

Mais uma vez, o projeto dos fogões limpos é um exemplo de como a noção ocidental de trabalho "de verdade" infiltrou-se nos programas de desenvolvimento impostos a culturas não ocidentais. Do ponto de vista das mulheres indianas da área rural, elas já estavam "trabalhando" e seu serviço já era essencial, mesmo sem fazer parte da economia assalariada, na qual os trabalhos disponíveis para elas seriam em empregos servis e fisicamente exaustivos, como quebrar pedras na construção civil ou como lavradoras nos campos agrícolas. O tão prometido "empoderamento", na verdade, não estava nos empregos oferecidos às mulheres, mas na economia e, portanto, na tomada de decisões e no suposto poder que ganhariam dentro de casa. No entanto, essas mulheres que vieram trabalhar num emprego servil fora de casa podiam até render um pouco mais de dinheiro, mas não compensava o fato de perderem o domínio do coração da casa, algo que valorizavam profundamente.

A convicção de que o valor humano e o "empoderamento" exigem a participação na economia financeira coincidiu com o surgimento do neoliberalismo — que focava nos mercados livres e colocava as políticas de economia internacional na caixinha do jargão simplista da justiça social. Em termos reais, o neoliberalismo converteu, como diz a cientista política Wendy Brown, "o *homo politicus* em *homo economicus*".

Do lado da ajuda humanitária, o neoliberalismo solicitava auxílio de fora para encobrir a horrível realidade do que os mercados livres estavam fazendo no sul global. Países ocidentais ricos financiavam microempréstimos para mulheres em Bangladesh enquanto os produtores têxteis de Bangladesh se deparavam com tarifas altíssimas caso tentassem exportar seus produtos para o Ocidente, e ao mesmo tempo empresas ocidentais que fabricavam roupas exploravam impunemente o trabalho feminino local. Da mesma forma, encorajar a inclusão de mulheres nas negociações de paz na Nigéria talvez distraísse as pessoas, e elas não perceberiam o que as imensas multinacionais de petróleo estavam fazendo com a população local — com o apoio de seus aliados nos países ocidentais.

Em 2007, Srilatha Batliwala, uma das mulheres que pressionaram pela inclusão da transformação social e política na definição original de empoderamento, mostrou o quanto o significado da palavra se tornara uma "poção mágica técnica" que apelava para coisas como programas de microcrédito. "Usado como uma ferramenta neoliberal, o empoderamento agora é conceituado para subverter políticas que o conceito deveria simbolizar",[10] defende Batliwala. Ele ainda era enormemente associado às mulheres, mas a uma onda de feminismo despolitizada e consumista que cresceu por volta dos anos 1990 e 2000.

A evolução do termo "empoderamento" até se tornar um conceito nebuloso pode ser relacionada a diversos motivos. Rosalind Eyben e Rebecca Napier-Moore defendem que a ambiguidade "criou uma repercussão normativa que faz todo mundo se sentir bem" sem "revelar qual significado cada um prefere". O novo conceito nebuloso de empoderamento possibilitou que todos, desde o presidente do Banco Central que vende um programa bilionário de microcrédito até o coletivo de feministas que produz colares de contas, dissessem que estavam fomentando a causa do empoderamento.

Uma década depois da aceitação oficial do termo pela ONU, ninguém no Ocidente, incluindo as ativistas feministas mais proeminentes, parecia se lembrar de que o empoderamento tinha sido apresentado por feministas do sul global. E a ideia de que empoderamento era essencialmente um projeto político de uma feminista marrom fora completamente apagado das correntes predominantes do trabalho de desenvolvimento. O empoderamento agora estava ligado a uma noção de poder muito mais individualista: era sinônimo de capacidade individual, realização pessoal e aspiração. A ideia radical de Sen de um "empoderamento libertador" havia se transformado em algo completamente diferente — "empoderamento liberal", ou a intensificação dos interesses econômicos individuais.

•

Em vez de "empoderar" aquelas que são beneficiadas pelos programas de ajuda humanitária, a comunidade envolvida nessas iniciativas tende a vê-las como versões indefesas, atrasadas e menos esclarecidas das mulheres brancas ocidentais, e cujas diferenças sociais e culturais em relação ao Ocidente são os problemas a serem resolvidos, e cujos verdadeiros problemas podem ser rapidamente solucionados usando métodos feitos sob medida para pessoas brancas. Se as mulheres indianas da zona rural tivessem sido devidamente consultadas pelos arquitetos da iniciativa dos fogões limpos, as falhas em sua premissa logo teriam sido percebidas. Havia mulheres indianas em posições fundamentais na iniciativa e na implementação do programa, mas elas pertenciam à classe média urbana; mulheres das cidades, que se viam como mais feministas e modernas, e que estavam ansiosas para colaborar com os esforços feministas internacionais. Elas também estavam animadas para tirar as mulheres indianas da zona rural, daquilo que lhes parecia ser pura estafa. Com frequência, a aprovação desses núcleos de funcionários, que já estão ansiosos para se identificar com o Ocidente e suas pautas, permite que agências como a ONU e seus diretores de programas considerem resolvida, como um item riscado em suas listas, a questão da consultoria local.

Enquanto isso, a premissa fundamental aqui não era apenas que as mulheres indianas da zona rural precisavam ser ensinadas sobre empoderamento por meio de intervenções programáticas de pessoas brancas, mas também que eram ignorantes e apolíticas, e não tinham ideias e crenças particulares a respeito de seus próprios recursos. O foco não é a mulher a ser "empoderada", mas o pressuposto de que será oferecida alguma ajuda, da forma mais útil para o doador branco, e a pobre mulher marrom a aceitará de bom grado.

De acordo com pesquisadores, a exploração industrial das florestas, a limpeza das terras para uso agrícola, a urbanização e as grandes mudanças na cobertura do solo, tudo isso tem muito mais impacto no desmatamento do que a coleta de lenha.[11] Ninguém prestou atenção também no fato de que os novos fogões eram incompatíveis com determinadas receitas que exigiam métodos culinários tradicionais e faziam parte da cultura local há séculos.

Fogões tradicionais de fato poluem, de fato enchem as casas de fumaça e exigem muito trabalho das mulheres que os utilizam — que podem ser vítimas de doenças respiratórias causadas por eles e certamente têm ideias de como melhorá-los. Enquanto isso, os fogões limpos enguiçavam e não podiam ser facilmente consertados na aldeia, mas os fogões antigos eram feitos de barro.[12] Era necessária uma solução, mas não precisava ser algo totalmente centrado na experiência branca que fizesse sentido apenas para os líderes dos programas, brancos e ocidentais; era necessária uma solução que funcionasse para as mulheres indianas da zona rural.

O feminismo de gotejamento, no qual uma solução é criada no topo (o que significa, em geral, membros da classe alta ou classe média alta, normalmente brancos), não é feminismo interseccional; é feminismo ditatorial. Essa estrutura de gotejamento dá origem a iniciativas como o programa de galinhas da Fundação Gates, cujo objetivo é dar às mulheres autonomia econômica por meio das galinhas, o que, supostamente, pode permitir às mulheres (de alguma forma) tornarem-se também mais autônomas política e socialmente. Assim como o programa de fogões limpos, tais esforços não apenas ignoram as complexas identidades políticas e sociais das mulheres como também focam apenas no indivíduo como "empreendedor", em vez de capacitar as mulheres como um coletivo para promover reais mudanças políticas e sociais.

Em 2015, a Fundação Gates firmou parceria com a Heifer International para doar 100 mil galinhas a mulheres em alguns dos países mais pobres do mundo, calculando que cada mulher, com cinco galinhas, poderia ganhar mil dólares por ano com a venda de ovos, usar o lucro para comprar mais galinhas e, posteriormente, começar seu próprio negócio.[13] Em um longo texto sobre o programa publicado no Medium, Melinda Gates afirmou que "uma galinha pode ser a diferença entre uma família que sobrevive e uma família que progride". As galinhas também foram consideradas uma ferramenta incrível para o empoderamento de mulheres porque "homens acham que galinhas são perda de tempo", deixando para as mulheres a tarefa de cuidar delas e (com a ajuda da Fundação Gates) permitindo que se tornem empoderadas. O crescente número de mulheres empreendedoras na avicultura permitiria à Fundação Gates alegar que levaram empoderamento diretamente a dezenas de milhares de mulheres.

Mas enquanto Bill Gates alardeava os benefícios do programa, pesquisadores já tinham sinalizado que não havia qualquer evidência de que galinhas proporcionariam um avanço econômico de longo prazo, muito menos o empoderamento de metade da população. Em Moçambique, onde a ideia já havia sido testada, pesquisadores descobriram que, ainda que as mulheres conseguissem ganhar dinheiro a curto prazo, elas não conseguiriam transformar as galinhas num empreendimento comercial bem-sucedido, já que produtores em larga escala produziam ovos mais baratos. Isso significava que as mulheres conseguiam, no máximo, faturar cem dólares por ano.[14]

Um dos países destinados a receber as galinhas, a Bolívia, considerou a iniciativa de Gates "ofensiva" e recusou a oferta. Cesar Cocanco, ministro do Desenvolvimento Agrário do país, disse: "Ele [Gates] não tem ideia da realidade da Bolívia para achar que estamos vivendo no século passado, no meio da selva, sem saber como cultivar", e acrescentou: "Por respeito, ele deveria parar de falar sobre a Bolívia e, quando se informar melhor, nos pedir desculpas."[15] Não houve qualquer pedido de desculpas, é evidente. A Bolívia tem uma grande indústria avícola e produz cerca de 197 milhões de galinhas por ano.

Imagine só: e se, nas áreas urbanas e rurais mais pobres dos Estados Unidos, onde com certeza há necessidade de uma assistência para "desenvolvimento", as feministas brancas criassem um projeto generalista para promover a igualdade de gênero e o empoderamento dando a cada mulher uma galinha, uma máquina de costura ou um microempréstimo? É impressionante como as pessoas podem fazer qualquer coisa, ainda que não faça nenhum sentido com relação à lógica básica de como funciona o mundo moderno, se estiverem "ajudando a África" ou qualquer parte do sul global. As mulheres brancas e ocidentais são vistas como integrantes das sociedades modernas complexas; seus problemas não podem ser resolvidos com um presentinho. Já as mulheres de cor, imagina-se que existam em um mundo muito mais simples e só não sejam bem-sucedidas por questões muito básicas que podem ser resolvidas de forma muito básica.

Em todo o seu material promocional, a iniciativa de Gates foi divulgada como um projeto focado na África subsaariana (ou "África pobre", como resumido pela manchete da BBC News).[16] Há enorme proliferação de programas similares, todos mirando na relativa falta de paridade entre as mulheres nos países em desenvolvimento. Às vezes, eles são financiados por herdeiros de empresas que tentam, estrategicamente, sinalizar uma virtude para encobrir atividades que esgotam todos os recursos desses mesmos países em desenvolvimento; recursos estes que poderiam tirar seus cidadãos da pobreza, incluindo as mulheres. Em outros casos, são promovidos por governos ocidentais que querem encobrir suas intervenções estratégicas — por exemplo, planos neoliberais de aumentar a influência em determinada região. O empoderamento de meninas e mulheres parece bom tanto para doadores políticos quanto para eleitores comuns. No entanto, esse tipo de intervenção supostamente empoderadora, de forma conveniente, desatrela as condições atuais das mulheres da história colonial, da expansão do capital global, dos investimentos transnacionais e da contínua exploração do trabalho feminino.[17] Supõe-se que as mulheres são pobres por causa de sua cultura, sua falta de poder e até mesmo de sua consciência feminista, nunca porque a pilhagem colonialista esgotou todas as riquezas ou porque os juros atuais do mercado financeiro têm seus valores calculados com base no mínimo que se pode pagar a elas para produzir camisetas e calças jeans. O fato de países pobres como Vietnã e Bangladesh não terem condições de competir a nível global sem se render a essas demandas corporativas (os investidores simplesmente iriam explorar mulheres em algum outro país pobre) não é levado em conta. Nem é dada qualquer atenção ao fato de que todas essas forças afastam as mulheres da consciência política em vez de aproximá-las.

Também não há qualquer menção a como as invasões militares, a securitização do controle de fronteiras e as crises financeiras globais costumam ter efeitos desastrosos no bem-estar social de meninas e mulheres. Mas a ajuda ocidental é, com frequência, utilizada tanto como pretexto para a guerra quanto para abafar seus terríveis custos humanitários.

Em 2001, pouco depois da invasão americana no Afeganistão, a USAID [Agência dos Estados Unidos para o Desenvolvimento Internacional] começou a implantar um dos maiores programas de financiamento de ajuda humanitária da história: o Promote [Promover]. Anunciado como "o maior programa mundial desenvolvido exclusivamente para o empoderamento feminino", o Promote tinha como objetivo ajudar 75 mil mulheres afegãs a conseguir empregos, estágios e promoções. Elas receberiam treinamento para atuar com *advocacy* (estratégias para mudar políticas, sistemas ou comportamentos de quaisquer temas ou instituições em nome de uma causa) e seriam encorajadas a estabelecer organizações civis, adquirindo as habilidades de liderança necessárias para o novo futuro brilhante do Afeganistão. Em setembro de 2018, dezessete anos depois, o *The New York Times* publicou uma reportagem que mostrava o quanto o Promote tinha dado errado. Nas palavras do SIGAR [Inspetor-Geral Especial para a Reconstrução do Afeganistão], foi "um fracasso e um desperdício de dinheiro do contribuinte".[18]

E *muito* dinheiro: o programa custou 280 milhões de dólares, a maior parte, de acordo com a reportagem do *Times*, destinada a custos administrativos e pagamentos de empreiteiros norte-americanos. Em uma entrevista concedida ao SIGAR, a primeira-dama do Afeganistão, Rula Ghani, destacou diversos problemas do programa. As meninas selecionadas eram muito jovens e politicamente inexperientes para conseguir colocar o treinamento recebido em prática. Ela terminou dando um conselho: "Quem trabalha com desenvolvimento, destine um tempinho para se sentar com a população local e escutá-la de verdade. Eles saberão melhor do que ninguém o que está acontecendo."[19] Talvez, na tentativa de manter uma boa relação com os administradores da USAID (e garantir futuros financiamentos), Ghani não mencionou os relatórios oficiais do SIGAR que identificaram falhas graves no programa, incluindo o fato de as métricas de avaliação terem sido constantemente adaptadas para que o programa *parecesse* um sucesso. Em alguns casos, mulheres que tinham participado de um único treinamento em liderança feminina entravam nas estatísticas como beneficiadas pelo programa, sem qualquer acompanhamento para saber como o treinamento havia ajudado a longo prazo. Em outro aspecto, as métricas de resultados eram reduzidas, de forma que, para que a seção do programa dedicada à formação para o mercado de trabalho fosse considerada um sucesso, era necessário que apenas vinte das três mil mulheres que receberam treinamento de empregabilidade e liderança conseguissem empregos no Serviço Civil Afegão. Mas nem mesmo esse resultado foi alcançado. No fim das contas, segundo o relatório do SIGAR, apenas 55 mulheres foram efetivamente beneficiadas pelo programa, um número bem distante dos 75 mil prometidos.

De sua parte, a USAID continuou promovendo a narrativa do sucesso. Em resposta formal ao SIGAR, a agência insistiu que o Promote "beneficiou diretamente cinquenta mil mulheres afegãs com treinamento e suporte para que atuassem com *advocacy* a respeito dos direitos das mulheres, entrassem no mercado de trabalho e começassem seus próprios negócios".

O complexo industrial de ajuda humanitária é uma parte enorme da economia global e estima-se que movimente cerca de 130 bilhões de dólares por ano.[20] Esse dinheiro é gerido por governos, agências de ajuda humanitária, ONGs transnacionais e os milhares de pessoas que trabalham para essas instituições.[21] A liderança desse sistema gigantesco está nas mãos, basicamente, de profissionais de desenvolvimento brancos e ocidentais, responsáveis por formular os programas e as políticas públicas que receberão os financiamentos. A imagem do branco ocidental salvador, portanto, não é apenas um estereótipo difundido, tem como base a estrutura organizacional e de formulação de políticas do complexo industrial de ajuda humanitária.

O complexo industrial de ajuda humanitária está, de forma inerente, impregnado da mesma dinâmica de poder que reflete a diferença racial de riqueza no mundo inteiro, na qual aqueles que sistematicamente extraíram e acumularam riquezas (historicamente, por meio de recursos roubados e trabalho forçado) têm poder estrutural sobre as pessoas de cor (que foram o alvo dessa exploração e da violência e opressão necessárias para colocá-la em prática). Filantropos brancos e ocidentais doam dinheiro de bom grado para a educação das meninas de Bangladesh com o objetivo de melhorar a vida das mulheres, mas não estão dispostos a renunciar às roupas baratas de "fast fashion" que são vendidas pelas grandes marcas norte-americanas e têm sua produção baseada na exploração de mulheres em países pobres. A bondade implícita no ato de caridade, portanto, funciona para apagar a cumplicidade com um sistema global que é instrumental para o reforço das hierarquias raciais globais.

Essas hierarquias raciais também operam dentro do setor de ajuda humanitária. A maior parte dos formuladores de políticas públicas e diretores de programas das maiores ONGs de desenvolvimento também são brancos, ocidentais e ganham salários astronomicamente maiores do que os funcionários locais que trabalham para as mesmas ONGs e fazem o mesmo serviço.[22] Angela Bruce-Raeburn, diretora regional de *advocacy* na África para a Global Health Advocacy Incubator [Incubadora de Advocacy da Saúde Global], afirmou, num ensaio intitulado "O desenvolvimento internacional tem um problema racial", que "raça e racismo são inerentes ao próprio conceito de ajuda humanitária, pois apenas nesse sistema é possível que uma maioria de sociedades brancas com fartos recursos determine o que pessoas pobres e de cor precisam, o quanto elas precisam, estabeleça parâmetros para entregar o que elas precisam e, é claro, crie mecanismos elaborados para monitorar se estão administrando as doações recebidas corretamente a fim de atingir suas necessidades." E, ela observa, "'ajudantes' e 'benfeitores' chegam a lugares como Serra Leoa transbordando confiança e bravatas, escorados em seus títulos de expatriados e seus diplomas de escolas de elite do Reino Unido e dos Estados Unidos, ganhando salários muito maiores do que seus colegas locais".

Quando as mulheres de cor conseguem assumir funções de elaboração, continuam a enfrentar discriminação e, com frequência, são rejeitadas em papéis de liderança. Uma mulher africana descreveu sua experiência trabalhando na ONU, em Genebra, como violentamente racista: "Quando eu estava na ONU, a cor da minha pele atrapalhou a progressão da minha carreira", escreveu ela, e a agradável senhora no comando lhe disse que não podia selecioná-la para liderar projetos porque ela "não conseguiria transmitir autoridade". Em outros momentos, sugeriram que ela mudasse o tom de voz e não demonstrasse sua "personalidade forte", ainda que ela tenha testemunhado seu chefe, um homem branco, gritar com as pessoas e referir-se às colegas mulheres com palavras ofensivas.[23] Uma pesquisa recente com funcionários da ONU em Genebra confirma esse tipo de relato: um a cada três funcionários ouvidos disse ter sofrido ou visto outra pessoa sofrer discriminação racial. Dos participantes da pesquisa, 59% disseram que a ONU não era uma instituição boa em lidar com discriminação racial.[24] Diante de tudo isso, foi um momento especialmente ruim quando, no começo dos protestos do Black Lives Matter [Vidas negras importam] em resposta à morte de George Floyd, o secretário-geral da ONU disse aos funcionários da instituição em Nova York que eles estavam proibidos de participar. Reclamações generalizadas, no entanto, o obrigaram a voltar atrás.[25]

O resultado da ausência de mulheres de cor nessas funções significa que não há ninguém para questionar a hipocrisia de ações nas quais são as pessoas que doam dinheiro para manter a fachada de benevolência branca que estão, muitas vezes, minando o poder das mulheres que fingem ajudar ao comandar ou investir em empresas que exploram trabalhadoras em países pobres para aumentar o lucro. A teórica feminista Gayatri Spivak identifica a metáfora clichê da "missão de resgate" para salvar mulheres e meninas negras, asiáticas e marrons (intrinsecamente indefesas e primitivas) de suas realidades trágicas enquanto, ao mesmo tempo, mascaram-se as histórias de opressão perpetuadas por esses mesmos salvadores brancos. Ao silenciar as vozes das mulheres envolvidas e manter a lógica operacional de "homens brancos salvando mulheres de pele escura de homens de pele escura", esses defensores da ajuda para o desenvolvimento nunca considerariam, por exemplo, apoiar as mulheres da indústria de vestuário em Bangladesh que estão tentando criar sindicatos e se organizar politicamente para cobrar melhores condições de trabalho. Nenhuma grande empresa de vestuário jamais se comprometeu a usar apenas fábricas sindicalizadas e, dessa forma, "empoderar" essas mulheres; em vez disso, elas doam e divulgam apenas as causas que se encaixam em seu modelo da missão de resgate.[26]

•

No outono de 2019, Gita Sen foi convidada a apresentar um artigo na pré-reunião do 25º aniversário da 4ª Conferência Mundial sobre as Mulheres em Pequim — planejada para acontecer em março de 2020, mas cancelada devido à pandemia da Covid-19. Era um documento desanimador, no qual Sen ainda tentava chamar atenção para o "desenvolvimento humano" num mundo obcecado pelo "crescimento econômico", ao mesmo tempo que destacava que o empoderamento, a mobilização social e os direitos das mulheres vêm enfrentando políticas ainda mais retrógradas hoje em dia do que há 25 anos.[27] "A mobilização feminista não se realiza num vácuo político e socioeconômico apenas com a vontade das organizações de mulheres se o ambiente e as instituições não as apoiarem", enfatizou Sen. As estratégias para o progresso em tempos como estes precisam ser "defensivas e preventivas", além de focadas em alianças.[28]

Quando escreveu o artigo, Sen certamente estava se preparando para a briga prevista para acontecer quando a Conferência Pequim+25 tivesse início, em março de 2020, em Nova York. Uma ordem de silêncio emitida pelo governo Trump nos primeiros dias de seu mandato proibia qualquer ONG de receber dinheiro se sua atuação tocasse na questão do aborto, e ele se aliara à China e à Arábia Saudita para garantir que direitos reprodutivos não seriam mencionados nas resoluções da conferência.[29] Poder econômico individual ainda era considerado empoderador, mas a autonomia sobre o próprio corpo estava agora completamente eliminada da plataforma. Sem mencionar qualquer transformação política, "A Declaração Política" elaborada pelos membros da Comissão da ONU sobre a Situação das Mulheres não conseguiu apresentar qualquer caminho futuro que fosse significativo para as mulheres do mundo.[30]

CAPÍTULO QUATRO

Feministas brancas e guerras feministas

"Estou bem", diz Jessica Chastain, pele alva, cabelos ruivos, enquanto tira o macacão preto e a máscara. A cena é do filme de 2012 *A hora mais escura*, de Kathryn Bigelow, e, apesar da aparente banalidade do diálogo, diz muito sobre a nova categoria de feminismo que se desenvolveu no mundo branco e ocidental a partir do 11 de Setembro e da Guerra ao Terror. No filme, Chastain interpreta uma "identificadora de terroristas" da CIA chamada Maya, que é fisicamente delicada, mas durona em todos os outros aspectos, o que nessa conversa em particular indica que ela está pronta para torturar. Na prática, é isso que ela e o outro colega da CIA estavam fazendo dentro de um bunker improvisado que servia também como câmara de tortura. "Vamos voltar lá para dentro", diz ela aos homens depois de terem descansado por um momento do terrível esforço de infligir dor extrema em outros seres humanos.

Aqui, portanto, está a igualdade de gênero em toda a sua perversidade: uma mulher branca fazendo o melhor possível para mostrar a um homem branco que tem tanta sede de crueldade quanto ele. E o homem branco lacônico parece aprovar. "Ela é uma matadora", diz o chefe enquanto ela desaparece pelo corredor. Se isso fosse um filme inteiramente ficcional, bastaria descartá-lo como uma fantasia mórbida de algum diretor de Hollywood. No entanto, Maya é baseada numa investigadora bem real da CIA; sua identidade nunca foi divulgada pela agência, mas já foram feitas inúmeras alusões diretas a sua grandeza e coragem. Maya (junto com outros funcionários, em sua maioria mulheres, segundo fontes da CIA) foi a responsável pela captura e morte de Osama bin Laden em 2011. O filme *A hora mais escura* pode ser uma versão acelerada e cinematograficamente mais cheia de ação do que pôde fazer a verdadeira Maya, mas é baseado na realidade. Por seu heroísmo agora festejado, a verdadeira Maya ganhou uma Medalha de Inteligência, uma honraria que ela alardeou para todos os colegas da CIA num e-mail geral.[1]

Assisti a *A hora mais escura* numa sala de cinema quase lotada em Indiana. A Maya de Jessica Chastain podia ficar "bem" em bunkers de tortura improvisados, mas eu certamente não ficava. Fora da sala de cinema, o shopping estava todo iluminado com decorações natalinas, meus companheiros espectadores pareciam confortáveis no breu aconchegante do cinema e satisfeitos com essa promoção das mulheres brancas à condição de mais nova arma de destruição de terroristas marrons.

O público aplaudia e vibrava com frequência. Uma vez durante uma cena que mostrava um homem marrom sendo torturado num afogamento simulado, noutra quando a Maya de Chastain estava bem perto de capturar o homem que os norte-americanos vinham caçando havia uma década e, obviamente, no final, quando ela é aclamada como a heroína que exterminou o homem mais cruel do mundo. Era um elaborado exercício de reviver a glória, destinado a estufar o peito dos patriotas. O fim do filme não era um mistério, os Estados Unidos tinham vencido e, ao menos para os propósitos do filme, uma "matadora" esbelta, delicada, de cabelos cor de fogo tinha trabalhado e torturado a fim de garantir a destruição do homem de pele marrom mais procurado do mundo.

Fiquei com vergonha, não apenas porque a busca de Maya por paridade com os homens se resume a falar besteira e torturar, ou porque ela chama o Paquistão de "um lugar muito fodido" logo nos primeiros minutos do filme, mas também porque parecia que eu era a única pessoa que via em *A hora mais escura* uma perversão flagrante de todo o projeto de igualdade de gênero.

Chorei no fim, porque o público se levantou para aplaudir o filme. Alguns meses depois, o filme foi novamente aclamado na cerimônia do Oscar. Jessica Chastain ganhou o prêmio de Melhor Atriz. As mulheres brancas reais e ficcionais tinham vencido e se tornado iguais aos homens brancos em sua capacidade de subjugar homens marrons.

Em *A hora mais escura* (e na história mais ou menos real por trás dele), o feminismo norte-americano — que já havia sido um movimento de oposição ao Estado, uma crítica a suas instituições e convenções — foi reapresentado como um movimento que servia aos interesses do Estado, não importava qual fosse o meio utilizado. Essa identificação com os interesses do Estado, e a ideia de sair e conquistar o mundo com o mesmo modo de pensar de subjugação e dominação dos homens brancos, parece ter virado um objetivo deturpado do feminismo. Dito de outra maneira, as mulheres brancas queriam paridade com os homens brancos a qualquer custo, incluindo assumir a dominação de pessoas negras e marrons. Como as feministas brancas progrediram em suas sociedades e começaram a ocupar cada vez mais posições importantes, elas estão construindo um feminismo que usa as vidas de pessoas negras e marrons como ringues nos quais elas podem provar sua competência perante os homens brancos.

Em seu livro de 2019, *A Woman's Place: US Counterterrorism Since 9/11* [Lugar de mulher: Contraterrorismo norte-americano desde 11/9], Joana Cook escreve que o feminismo, especialmente no que diz respeito ao Estado, costumava focar na promoção da paz e da *não violência*.[2] Ser feminista implicava carregar um sentimento de irmandade com *todas* as mulheres e desencorajar ações em que uma mulher prejudicava a vida ou o meio de vida de outras mulheres. O Estado era encarado como propagador e o representante institucional das normas do patriarcado, e resistir a elas (em vez de adotá-las) era considerado uma ação feminista. Mas na Guerra ao Terror norte-americana, o Estado submetera a luta por igualdade a si mesmo, dando a mulheres brancas uma aparente paridade com homens brancos na oportunidade de destruir homens marrons e muçulmanos, que tinham se tornado os principais inimigos no imaginário dos brancos. Importante dizer: a essas mulheres brancas é permitido assumir características "não femininas" de violência e comando de guerra, algo que normalmente ameaçaria o patriarcado dominante sob o qual elas existem, mas é só assim que elas exercem esse poder sobre alguém que está ainda mais abaixo delas na hierarquia da supremacia branca — isto é, estrangeiros marrons. Fica nítido nessa barganha que é o mesmo tipo de poder condicional e limitado a que as mulheres britânicas ricas tiveram acesso no século XIX, quando cruzaram o oceano para se aventurar nas colônias britânicas. Em ambos os casos, a liberdade é um jogo de soma zero, com a vitória de um grupo (mulheres brancas) sendo possível apenas pela derrota de outro (pessoas não brancas). Não é apenas a noção de que a violência vinda das mulheres é chocante e antifeminista, mas a dimensão racial que é central para esse suposto aumento de poder das mulheres brancas.

Se as feministas brancas norte-americanas dos anos 1960 e da época do Vietnã defendiam o fim da guerra, as novas feministas norte-americanas do recém-iniciado século XXI estavam mais do que dispostas a lutar na guerra ao lado dos garotos. O comando de guerra, tradicionalmente uma das atividades mais obviamente performadas por um único gênero na sociedade humana, abria os braços para as mulheres mesmo em seus momentos mais macabros e violentos, e isso estava sendo visto como um progresso por todo mundo.

A Guerra ao Terror, ao menos em teoria, foi a primeira guerra "feminista" dos Estados Unidos. Não apenas as analistas da CIA foram aclamadas, mas também as soldadas mulheres. A história da soldada Jessica Lynch é outro exemplo. Em 23 de março de 2003, Lynch, uma motorista de caminhão de dezenove anos que trabalhava numa unidade de manutenção do Exército americano, foi capturada numa emboscada pelas forças iraquianas. Oito soldados foram mortos e Lynch foi levada para um hospital onde, de acordo com o Pentágono, foi maltratada pelos iraquianos. As Forças Especiais norte-americanas empreenderam uma missão secreta para resgatá-la; dizem que as primeiras palavras dela ao ser encontrada foram: "Eu também sou uma soldada americana."[3]

O resgate foi gravado, e o Pentágono divulgou um vídeo de cinco minutos para a imprensa. Em questão de horas, ela se tornou uma heroína da mídia, sua coragem foi festejada em todos os noticiários, ela apareceu na capa da revista *Newsweek* diante de uma bandeira gigantesca dos Estados Unidos e foi chamada de "Rambo versão feminina" e "heroína americana". Apenas muito mais tarde, o heroísmo de Lynch começou a ser questionado. A BBC exibiu um documentário contundente que acusava o governo norte-americano de exagerar no heroísmo do resgate e nos maus-tratos dos iraquianos para reforçar o apoio popular à guerra.[4] Muitas dessas alegações depois se provaram verdadeiras, mas a criação da heroína que o Pentágono tinha colocado em prática logo após o resgate já estava em curso. A soldada heroína na guerra do Iraque era a imagem de que os norte-americanos se lembrariam. É importante notar que o filme feito para a TV *Saving Jessica Lynch* [Salvando Jessica Lynch], exibido pela NBC em 2003, contou a mesma história heroica que já havia sido contestada pela BBC e outros veículos. Os Estados Unidos queriam uma soldada-heroína, e eles conseguiram.

Também me refiro à guerra como "feminista" porque a propagação dos direitos das mulheres estava no cerne de seus objetivos. As mulheres norte-americanas estavam livres e agora elas, ao lado dos homens, iriam ao Afeganistão para destituir o regime misógino do Talibã. Os Estados Unidos, portanto, não eram uma superpotência cruel bombardeando uma nação pequena e desafortunada, mas uma força para o bem que na verdade ajudaria a levar a igualdade de gênero para um país dividido pela guerra. O esforço para erradicar o terror (leia-se: terror *islâmico*, não o terror nacionalista branco, embora o segundo tenha matado muito mais norte-americanos) estava em providenciar escolas, clínicas médicas e até mesmo salões de beleza, auxiliar nas reformas legais e no desenvolvimento de abrigos para vítimas de violência doméstica, além de elaborar constituições progressistas. O pequeno detalhe dos bombardeios devastadores que deixavam milhares de mortos e muitos mais mutilados, que destruíam famílias e sua subsistência, era um meio necessário para o brilhante resultado feminista. Quando uma mulher norte-americana (assim como a Maya de Chastain em *A hora mais escura*) fazia algo inimaginável de tão violento e cruel, isso era parte de um projeto maior, e nobre, de ajudar o Afeganistão e o Iraque a se tornarem países que valorizavam as mulheres tanto quanto os Estados Unidos o faziam.

Para completar a parte de liberação das mulheres da Guerra ao Terror, houve tentativas de criar "Mayas" afegãs, iraquianas e iemenitas — mulheres treinadas no comando de guerra, retiradas das linhas inimigas e transformadas em agentes duplas, algo pouco comum, ou até inédito, no Oriente Médio e no sul da Ásia. Milhões de dólares foram gastos em treinamento de contraterrorismo para mulheres, incluindo pelo menos uma unidade de elite iemenita totalmente feminina e dois programas, o Sisters of Iraq e o Daughters of Fallujah (criados para oferecer informações incriminadoras do Brothers of Iraq e Sons of Fallujah, respectivamente).[5] Esses programas eram baseados na premissa de que mulheres marrons poderiam ser transformadas em armas contra homens marrons que eram seus amigos e membros de suas famílias — que a identificação intrínseca e lealdade delas a uma definição ocidental de liberdade e feminismo superariam vínculos com a comunidade. Mas a ironia de ter norte-americanos bombardeando uma aldeia de manhã e inaugurando uma escola em outra aldeia à tarde não passava despercebida pelas mulheres afegãs, em quem estavam marcados os interesses e aspirações das feministas brancas norte-americanas.

O argumento aqui não é nem que os programas de Combate ao Extremismo Violento (CVE, na sigla em inglês, a nova marca dada aos programas antiterror) fossem um fracasso, mas a presunção das feministas brancas de que as mulheres afegãs estivessem tão desconectadas de seus pais, irmãos e maridos (todos pessoas bárbaras e cruéis na imaginação norte-americana) que ficariam felizes em servir como espiãs e obter informações de inteligência para os norte-americanos.

É esse fracasso, ou recusa, em reconhecer que as mulheres afegãs tinham uma conexão inextricável com os homens afegãos, e que bombardear os homens afetaria diretamente as mulheres, que explica por que muitos dos programas iniciados na região deram errado.

A ligação entre a pauta da "liberação das mulheres" e a infindável e sempre crescente Guerra ao Terror norte-americana deu origem ao "feminismo de segurança" (em inglês, *securo-feminism*), um termo cunhado pela pesquisadora Lila Abu-Lughod para indicar a conivência entre defensores internacionais dos direitos das mulheres e a empresa de segurança global conhecida como CVE. O feminismo de segurança estabelece que lutar contra o terrorismo é, por si só, uma forma de feminismo. O choque e o luto que tomaram os Estados Unidos após o ataque de 11 de Setembro fizeram com que essa guerra estrangeira fosse colocada numa categoria muito diferente de todas as outras nas quais o país se envolvera até então. A ameaça não era abstrata ou hipotética, e as coisas não estavam acontecendo em algum lugar bem longe dali. Parecia mais tangível, imediata, pessoal. No livro

Bland Fanatics [Fanáticos insossos], o autor e historiador Pankaj Mishra conta como a Guerra ao Terror e suas brutalidades iniciais foram prontamente aceitas até mesmo pela classe intelectual, que costumava ser crítica às aventuras militares norte-americanas nos países em desenvolvimento.[6] O detalhe neoimperialista do momento foi capturado numa reportagem um tanto triunfante de Robert Kaplan, jornalista da *The Atlantic*, que escreveu alegremente que "Bem-vindos ao país dos apaches" era a frase repetida pelos soldados norte-americanos ao redor do mundo, imaginando que sua missão era brincar de caubói e matar e dominar inimigos de pele mais escura a qualquer custo.

Mas a tarefa de salvar mulheres afegãs poderia dar um verniz a esse trabalho. Como a antropóloga Lila Abu-Lughod aponta em seu livro *As mulheres muçulmanas precisam realmente de salvação?*, os norte-americanos promoveram uma "mentira da libertação" que os colocava como os salvadores das mulheres afegãs oprimidas.[7] Do alto de seus palanques superiores, as feministas brancas liberais acreditavam que violência de gênero era algo que acontecia apenas em terras muito distantes. Entre comentaristas e jornalistas, a "mentira da libertação" ajudou a fechar os olhos tanto para a política estrangeira norte-americana quanto para os problemas enfrentados pelas mulheres nos países em desenvolvimento.

Em 2002, uma coalizão de diversas organizações de mulheres ocidentais enviou uma carta aberta ao então presidente George W. Bush pedindo que "tomasse atitudes emergenciais para salvar vidas e garantir o futuro das mulheres afegãs". Entre as signatárias do documento estavam Eleanor Smeal, presidente da Feminist Majority Foundation [Fundação Maioria Feminista], na Virgínia, além de outras feministas famosas como Gloria Steinem, Eve Ensler, Meryl Streep e Susan Sarandon. Elas diziam que a grande maioria das mulheres apoiava a guerra porque "libertaria as mulheres afegãs da violência e da opressão".[8] A National Organization of Women [Organização Nacional de Mulheres], ou NOW, divulgou declarações em apoio à guerra e seus supostos objetivos "feministas".

Todas as pessoas do *establishment* norte-americano, incluindo feministas brancas heroicas como a futura secretária de Estado Hillary Clinton, e a ex-secretária de Estado Madeleine Allbright, embarcaram de corpo e alma na defesa da Guerra ao Terror, que devia ser empreendida por todos os meios que os militares, a CIA e o presidente considerassem necessários. A desconexão entre a brutalidade dos Estados Unidos na prática e seu discurso salvador conseguiu passar despercebida.

Em julho de 2004, três anos depois da invasão ao Afeganistão, Bush declarou vitória: "Três anos atrás, as pequenas demonstrações de alegria eram proibidas. As mulheres apanhavam por usar sapatos coloridos. Hoje, testemunhamos o renascimento de uma cultura afegã vibrante."[9] Em tempos mais recentes, uma manchete do *The New York Times* tentou celebrar a vitória, mas destacou que as próprias mulheres tiveram uma experiência diferente: "Abrigos salvaram inúmeras mulheres afegãs, então por que elas têm medo?"[10] A matéria não destacava que as "inúmeras" eram apenas uma fração das 32 mil civis que os Estados Unidos e as forças ocidentais tinham matado durante a ocupação.[11]

Desse modo, nascia uma nova categoria de feminismo branco norte-americano. Sustentado pela história de supremacia branca dentro do próprio feminismo, ele fez ressurgir questões nacionalistas e transformou a propagação internacional de valores feministas, como a igualdade de gênero, em um componente necessário do feminismo norte-americano em si. O feminismo de segurança, termo cunhado por Lila Abu-Lughod, pesquisadora de Columbia, representa o encontro entre iniciativas de Combate ao Extremismo Violento (CVE) e a defesa global de direitos de gênero. Feministas de segurança não estão apenas dedicadas a lutar na Guerra ao Terror, mas também comprometidas em usar o poderio militar norte-americano para promover os valores do país ao redor do mundo. Assim como as feministas imperiais da época das colônias britânicas haviam se convencido de sua própria benevolência ao melhorar a vida das mulheres nativas, as feministas de segurança faziam o mesmo ao acreditar que estavam "salvando" afegãs e iraquianas de si mesmas.

O nascimento do feminismo de segurança não foi acidente ou coincidência. O discurso do governo Bush sobre a Guerra ao Terror global propagou a noção de que a crença em dignidade e equidade para as mulheres exigia o apoio à Guerra ao Terror. E, no entanto, não foi muito discutida a história de privilégio racial que deixava as mulheres brancas tão confortáveis em reivindicar sua autoridade moral e exercer poder sobre homens marrons.

Quando, depois do Afeganistão, o Iraque foi escolhido como o local do segundo grande experimento norte-americano de promoção da democracia, foi necessário acomodar as feministas de segurança ali também. Nas palavras do presidente Bush, as mulheres iraquianas precisavam ter direitos porque "a segurança dos nossos próprios cidadãos depende disso". A contínua marcha norte-americana pelo "avanço da liberdade no Oriente Médio", defendia Bush, "dera novos direitos e esperança às mulheres iraquianas", que "teriam um papel essencial na reconstrução da nação".[12] Preservar a "dignidade das mulheres" estava, sob esse ponto de vista, diretamente ligado à luta contra o terrorismo, já que "homens e mulheres dignos não amarram bombas no próprio corpo e matam pessoas inocentes". Os valores norte-americanos respeitavam o direito das mulheres à igualdade, portanto, a imposição desses valores era crucial para que as pessoas nesses países inferiores aprendessem a respeitar os direitos das mulheres. Na gramática da Guerra do Terror, só havia um caminho para chegar à paridade de gêneros, e era o estabelecimento de instituições democráticas liberais inspiradas nas norte-americanas.

Por conta disso, o feminismo de segurança vinculou o feminismo branco norte-americano ao projeto neoimperial e neoliberal de construção de nações ao redor do mundo — algo que o professor e historiador Niall Ferguson, de Harvard, havia articulado em sua teoria da "Anglobalização", que propunha que jovens norte-americanos deveriam ser ensinados a sair pelo mundo e converter outros países a sua própria imagem e semelhança, assim como a Grã-Bretanha fizera. Absortas em seu próprio entusiasmo, as feministas norte-americanas não questionaram o suficiente o bom senso de exportar o feminismo por meio de bombas e drones. Todas supunham que o feminismo de gotejamento iria milagrosamente acelerar a criação de um mundo com igualdade de gênero e mercados livres, tal qual os Estados Unidos.

Em 2012, o feminismo de segurança ganhou ainda mais respaldo ao transformar-se na *base* sobre a qual os Estados Unidos se relacionariam com outras mulheres ao redor do mundo. Nas palavras de Jane Mosbacher Morris, que rascunhou a primeira estratégia de "Mulheres norte-americanas e o combate ao terrorismo", além do plano sobre Mulheres, Paz e Segurança do Departamento de Contraterrorismo, "começamos efetivamente a consolidar de que maneiras diferentes podemos envolver as mulheres nas questões de terrorismo e contraterrorismo e o que podemos fazer como departamento para incentivar as mulheres a se envolverem."[13] O novo plano queria que as mulheres dos países envolvidos na Guerra ao Terror se engajassem em "combater com discurso, além de outros exemplos de luta contra o terror". Em 2016, um relatório do USIP [Instituto Norte-Americano pela Paz] declarou que "os direitos das mulheres e seu lugar na sociedade são fundamentais para as narrativas de grupos extremistas violentos, e essas narrativas são terrenos nos quais as mulheres do Afeganistão lutam para estabelecer seus direitos". O argumento era que, já que os grupos terroristas queriam restringir os direitos das mulheres, elas deveriam ser recrutadas para combatê-los. Feminismo, portanto, era lutar contra o terrorismo. Obviamente, isso significava apenas que "o Combate ao Extremismo Violento (CVE) e a Prevenção da Violência Extrema (PVE) precisam incluir mulheres como público-alvo".[14] Claro, não havia qualquer menção a investir na participação política das mulheres afegãs, talvez porque, se elas tivessem liberdade política, suas prioridades seriam, antes de tudo, acabar com a ocupação americana. Em vez disso, o objetivo era treinar mulheres afegãs para serem fantoches que repetiriam o que quer que os instrutores do CVE e da PVE lhes ensinassem.

No paradigma estabelecido por essa estratégia, se as mulheres não aceitassem o pressuposto norte-americano de que a maioria dos jovens afegãos era terrorista, e não colaborassem com as forças estadunidenses interrogando, prendendo e matando esses jovens, então se poderia concluir que elas também eram contra o empoderamento feminino. Dessa forma, apoiar os interesses da política externa americana tornou-se sinônimo de feminismo.

Um exemplo particularmente preocupante do alto custo de ter o progresso do feminismo vinculado à guerra é o que aconteceu no Paquistão depois da captura de Osama bin Laden na cidade paquistanesa de Abbottabad, em 2011. Pouco antes de sua captura, a CIA e o Exército norte-americano supostamente trabalharam com a instituição Save the Children e contrataram o dr. Shakil Afridi, um médico paquistanês, para coordenar um falso programa de vacinação de hepatite B que serviria de fachada para suas operações de vigilância.[15] De acordo com as instruções da CIA, o dr. Afridi e uma funcionária de saúde visitaram o complexo de Bin Laden, sob a alegação de administrar vacinas, e conseguiram o acesso, embora não tenham visto Bin Laden. Em 2012, todos os funcionários estrangeiros da Save the Children foram expulsos do Paquistão e, em 2015, a instituição como um todo foi obrigada a encerrar as atividades no país, apesar de ter negado (e negar até hoje) o envolvimento na operação.

A CIA conseguiu capturar o homem que buscava, mas quando os paquistaneses, irados por não terem sido avisados sobre o ataque, expulsaram instrutores militares norte-americanos de Islamabad, foram logo ameaçados com um corte de 800 milhões de dólares no pacote de ajuda prometido pelos Estados Unidos — mais uma vez, portanto, expostos ao poder coercitivo da ajuda humanitária. A perda desse dinheiro não foi, no entanto, o pior impacto da tragédia. Conforme publicado pela revista médica *The Lancet*, as vítimas involuntárias foram os milhões de crianças paquistanesas cujos pais passaram a recusar a aplicação de vacinas em meio a taxas crescentes de poliomielite, uma doença basicamente erradicada dos países ocidentais desde o meio do século XX.[16] Na visão deles, se a CIA podia contratar um médico para comandar um programa de vacinação falso, então toda a premissa das vacinas não era mais confiável. Poucos anos depois da captura, o Paquistão tinha 60% de todos os casos de poliomielite confirmados no mundo.[17] Depois veio o público-alvo do Programa de Agentes de Saúde Femininas, no Paquistão. Desenvolvido em 1994, o programa ensinava cuidados básicos de saúde para mulheres paquistanesas.[18] Num país que tinha dificuldade para permitir que suas mulheres falassem, o programa representava um passo à frente ousado, centrado nas mulheres, e de fato aumentou o acesso a cuidados de saúde para milhões de mulheres paquistanesas que, sem isso, não teriam qualquer atendimento. As agentes de saúde iam de casa em casa, tanto nas áreas rurais mais remotas quanto nos centros urbanos superpopulosos (ambos grupos com muita necessidade de um melhor fornecimento de serviços médicos), e ofereciam cuidados clínicos e também preventivos básicos, incluindo acompanhamento no pré-natal e no puerpério, além de, é claro, vacinas.

Quando as vacinas se tornaram suspeitas, o mesmo aconteceu com essas agentes de saúde; seus veículos e comboios eram atacados por grupos terroristas como o Movimento Talibã do Paquistão, que estava empreendendo sua própria campanha de intimidação antivacina. Em 26 de novembro de 2014, quatro agentes que aplicavam vacinas foram mortas a tiros em Baluchistan, no Paquistão. Antes, naquele mesmo ano, uma agente de saúde chamada Salma Farooqui foi sequestrada, torturada e assassinada na cidade de Peshawar.[19] Os assassinatos continuaram e o último aconteceu em abril de 2019, quando várias mulheres foram baleadas, e uma delas morta, o que levou, enfim, à suspensão da campanha de vacinação contra a poliomielite no Paquistão.[20] O exemplo ilustra o quanto a anuência acrítica das feministas brancas aos objetivos e às estratégias da Guerra ao Terror termina por, lamentavelmente, não levar em conta o mal que faz a iniciativas feministas como o Programa de Trabalhadoras da Saúde do Paquistão. Mais uma vez, mulheres e crianças de pele marrom enfrentaram as consequências e pagaram o preço pelas atitudes políticas de mulheres brancas e seus governos. O episódio envolvendo a instituição Save the Children foi omitido de maneira habilidosa do filme *A hora mais escura*, assim como também diversos outros relatos da operação, deixando convenientemente de lado qualquer discurso sobre a decisão de colocar em risco o fornecimento de serviços médicos a milhões de mulheres e crianças de pele marrom. A questão que se coloca aqui é quem são as reais heroínas feministas da história de Bin Laden: as agentes de saúde do Paquistão que atendiam às necessidades da comunidade mesmo colocando suas vidas em risco ou as mulheres da CIA que ficavam felizes em torturar.

•

Os Estados Unidos não são os únicos culpados pela linguagem ambígua do feminismo. Em 2014, a recém--empossada ministra de Relações Exteriores da Suécia, Margot Wallström, considerada de centro-esquerda, anunciou que o país teria uma política externa "feminista". O texto da decisão dizia: "Igualdade entre homens e mulheres é um objetivo fundamental da política externa sueca. Garantir que mulheres e meninas possam desfrutar de direitos humanos fundamentais é, ao mesmo tempo, uma obrigação no âmbito de nossos compromissos internacionais e um pré-requisito para atingir as metas suecas mais abrangentes de política externa, como paz, segurança e desenvolvimento sustentável."[21]

No ano seguinte ao anúncio, Wallström discursou para um comitê parlamentar e disse que, de acordo com a nova política externa feminista do país, a Suécia não exportaria armas para países que não atendessem a seus critérios de democracia. O principal país em questão era a Arábia Saudita, cujo uso de armas e intimidação para assediar mulheres sauditas ativistas pelos direitos humanos é bastante conhecido. No entanto, em 2017, uma organização da sociedade civil descobriu que o comércio de armas entre a Suécia e a Arábia Saudita nunca foi interrompido, e que a exportação continuou. Em setembro de 2019, depois de um bombardeio que matou cerca de cem pessoas lançado por uma aeronave saudita, Wallström disse que "conversaria com a maior quantidade possível de pessoas". No entanto, ouvir provavelmente não vai ajudar a resolver uma situação na qual, de acordo com uma reportagem da televisão sueca, a Arábia Saudita continua a usar armas suecas para bombardear os iemenitas, deixando centenas de milhares desalojados e matando pelo menos dez mil pessoas. Apesar de sua política externa "feminista", a Suécia continua sendo o 15º maior exportador de armas do mundo.[22]

O Canadá também merece uma menção honrosa a esse respeito, pois insiste muito em colocar suas políticas e intervenções no espectro do "feminismo". Em 2017, a ministra canadense de Relações Exteriores Chrystia Freeland anunciou que o país estava liderando uma "política feminista de auxílio internacional" que fora desenvolvida a partir de pesquisas feitas com quinze mil pessoas em sessenta países. Com essa nova política, o país gastaria bilhões de dólares canadenses no "avanço da igualdade de gênero" e no "empoderamento de mulheres e meninas". O percentual do orçamento de auxílio internacional dedicado a projetos com esses objetivos saiu de 1-2% para cerca de 90%.

No entanto, apesar das "boas intenções" feministas, o orçamento de auxílio internacional do Canadá já estava comprometido até 2020 pelas ações do governo anterior, do primeiro-ministro Harper, e não deixava qualquer recurso para as demandas de Freeland.[23] Além disso, especialistas como a pesquisadora Jessica Cadesky destacaram que a política fundia a "igualdade de gênero" ao "empoderamento feminino", ora despolitizando, ora superpolitizando a questão do gênero para se encaixar nas propostas do governo. Ao mesmo tempo, o país rejeitou as reivindicações da Organização Canadense do Trabalho e de outros grupos como a Anistia Internacional do Canadá para implementar medidas que lhes permitiriam registrar e acompanhar as vendas de armas a países estrangeiros, incluindo os Estados Unidos.[24] Em junho de 2020, o Canadá dobrou o volume de armas vendidas para a Arábia Saudita, apesar de ter criticado o país por seus péssimos indicadores de direitos humanos e imposto uma moratória a futuras exportações de armas.[25] Um relatório da ONU de setembro de 2020 declarou que o Canadá estava "fomentando a guerra" no Iêmen; os Estados Unidos, o Reino Unido e a França também eram citados no relatório como facilitadores.

Então, mesmo que não tenha gastado ou alocado novos recursos para colocar em prática a política feminista de auxílio internacional e esteja até hoje vendendo armas para países como Estados Unidos e Arábia Saudita, o Canadá continua desfrutando da boa fama virtuosa que vem a reboque de adotar alguma política dita "feminista".[26] A situação merece a atenção das feministas porque (mais uma vez!) revela como a promoção do feminismo é direcionada em sua maior parte às mulheres brancas, neste caso às mulheres brancas canadenses, que querem se sentir bem a respeito de seu país e passar um verniz sobre os vários atos antifeministas dos quais o Canadá é cúmplice.

Não foram apenas os agentes da CIA, os burocratas da área de desenvolvimento e os Estados-nação que cooptaram a linguagem do feminismo; os jornalistas também o fizeram. Se os primeiros criam e conduzem as guerras, são os últimos que moldam sua narrativa. A imagem da Guerra ao Terror como uma guerra feminista destinada a levar direitos às mulheres do mundo inteiro não teria se consolidado sem as porta-vozes do Departamento de Estado, as agentes da CIA e outras mulheres diretamente associadas ao projeto da guerra. Mas as jornalistas norte-americanas, as jornalistas *mulheres* em particular, criaram uma narrativa para a Guerra ao Terror que a reafirmava como uma guerra empreendida pelos Estados Unidos feminista contra países antifeministas, primitivos, patriarcais, de uma era antiga, e que eram muito apáticos, fracos ou traiçoeiros para lutar contra o terrorismo por conta própria.

Em uma matéria do *The New York Times* de 2015, a jornalista Alissa Rubin considera que "os abrigos para mulheres são o legado mais provocador da presença ocidental no Afeganistão".[27] É uma afirmação alarmante, já que, na época em que a matéria foi escrita, o legado mais provocador deveriam ter sido as sepulturas de onze mil afegãos mortos pela guerra só naquele ano, um número recorde que contribuiu para o total de centenas de milhares de vítimas.[28] A própria ideia de ajudar mulheres ou construir abrigos, conta Rubin aos leitores do *Times*, era "uma ideia revolucionária no Afeganistão — tão exótica quanto a democracia ocidental, e ainda mais transgressora". Embora seja inquestionável que buscar refúgio em abrigos administrados pelo governo não era um recurso existente para as mulheres antes da chegada dos norte-americanos, também é verdade que a violência contra as mulheres, no geral, aumentou por causa da presença norte-americana e do colapso das estruturas de apoio da aldeia e da família.

Uma cena do filme *Uma repórter em apuros*, protagonizado por Tina Fey e baseado em *The Taliban*

Shuffle, livro de memórias de Kim Barker, ex-jornalista do *Chicago Tribune*, é uma boa representação dessa dinâmica condescendente. No livro, ao descrever sua interação com uma mulher afegã com quem fizera amizade num casamento, Barker diz parecer "um primeiro encontro com um mímico". As mulheres afegãs são mímicas que tentam imitar a liberdade performada pelas jornalistas brancas que estavam lá para escrever matérias sobre elas e ensiná-las sobre feminismo.

As heroínas do jornalismo norte-americano que escreviam para o *The New York Times* e o *The Washington Post*, ou que transmitiam notícias nas maiores redes de TV, todas desempenharam um papel similar ao de legitimar o projeto neoimperialista dos Estados Unidos no Afeganistão, no Iraque e no Oriente Médio como um todo, promovendo a narrativa de que incursões militares violentas são destinadas a libertar as mulheres e gerar sociedades melhores. Desse modo, elas também enfatizam seu próprio status superior como feministas brancas, com seus valores de rebeldia (e não resiliência), risco (e não cuidado) e velocidade (e não resistência) como os valores feministas definitivos. As mulheres afegãs aparecem apenas como protótipos cujos desejos sempre estão em consonância com o que as feministas brancas acham que elas devem desejar, e não como pessoas com perspectivas e posicionamentos políticos independentes.

Algumas das táticas utilizadas pelas mulheres brancas, em particular para conseguir suas reportagens sobre o Oriente Médio e as mulheres muçulmanas, são uma alegoria selvagem da natureza egoísta do feminismo branco. Muitas ofereceram "amizade" ou a construção de uma estrutura de "irmandade" para obter acesso à vida de mulheres sobre as quais queriam escrever. Autora do best-seller *O livreiro de Cabul*, Åsne Seierstad, por exemplo, assume francamente que se aproveitou da convencionalidade da cultura afegã de oferecer hospitalidade e se mudou para a casa de uma família para conseguir material para o livro. Diz também que "nunca aprendeu a falar dari",[29] mas ao que parece se sentiu no direito de retratar os pensamentos mais íntimos das mulheres da família, que só falavam aquela língua. As histórias resultantes disso, pelas quais os escritores são pagos (mas as pessoas retratadas e que contaram a história, não), traem a confiança dos retratados ou, no mínimo, parecem ser bastante insensíveis aos sentimentos destes. Pior: como não têm qualquer relação duradoura com a comunidade, esses escritores brancos em geral desaparecem da vida dessas pessoas no minuto em que conseguem suas histórias, aparentemente sem nenhuma preocupação com as consequências práticas, políticas e emocionais daquela exposição e da traição. Um exemplo dessas consequências é o processo aberto pela segunda mulher do livreiro contra Seierstad por difamação e negligência jornalística. Entre outras coisas, o processo alega que a exposição de certos comportamentos sexuais feita por Seierstad obrigou algumas mulheres a sair do país para evitar uma reprimenda ou até mesmo algo pior a que podiam ser submetidas se ficassem no Afeganistão. No fim das contas, um tribunal de apelações norueguês reverteu uma condenação de um tribunal inferior contra Seierstard, mas o caso se arrastou por mais de uma década.

O espaço íntimo dos lares afegãos e do Oriente Médio revelou-se um enigma fascinante para jornalistas ocidentais que buscavam decifrar a misteriosa vida dos terroristas muçulmanos e suas mulheres. A consequência dessa estrutura segregada era que os jornalistas homens nos países muçulmanos em geral só tinham acesso à metade da população e, portanto, metade da história. Alguns deles, como o fotógrafo que acompanhava o jornalista Rod Nordland, do *The New York Times*, no Afeganistão, fingiam não entender que não era permitido a homens adentrar certos espaços, invadindo alojamentos de mulheres para tirar fotos — neste caso, de uma jovem mulher, personagem de uma matéria de Nordland sobre crimes de honra, que havia se retirado para o alojamento feminino da casa justamente para evitar sua observação invasiva.[30]

A separação dos espaços femininos, no entanto, criou uma oportunidade para as jornalistas mulheres ocidentais que buscavam uma forma de se destacar em meio ao universo sexista e masculino dos correspondentes de guerra. Assim como as feministas de segurança, que queriam consolidar sua igualdade ao torturar homens marrons, as jornalistas brancas estavam ansiosas para consolidar sua igualdade no jornalismo de guerra ao escrever sobre a vida privada e triste das mulheres muçulmanas. Sua prioridade não era a solidariedade feminista, mas a paridade de gênero com os homens brancos para ascender profissionalmente.

Algumas jornalistas brancas falaram sobre isso em declarações públicas: a famosa âncora Katie Couric disse que a Guerra do Golfo foi um terreno fértil para tornar as jornalistas mulheres "experts", e que a quantidade constante de guerras desde então produziu muitas outras experts.[31] Christiane Amanpour, da CNN, Lara Logan, da CBS, Lynsey Addario, fotojornalista premiada, e muitas outras repórteres menos conhecidas mergulharam nos espaços femininos no Iraque e no Afeganistão, no Paquistão e na Arábia Saudita, no Iêmen e na Somália. Em seguida, veio uma coleção preciosa de produção jornalística, grande parte da qual destacando a natureza secreta, obscura e oculta desses espaços, capturados em fotos, reportagens de primeira página e livros best-sellers que abrilhantaram os perfis e encheram as contas bancárias dessas feministas brancas heroicas.

Em 2015, por exemplo, o livro de memórias de Lynsey Addario, *É isso que eu faço: Uma vida de amor e guerra*, tornou-se um festejadíssimo best-seller, e teve os direitos vendidos para o cinema. No texto, Addario escreve que escolheu aquele emprego no *The New York Times* para provar seu valor como uma mulher no universo da fotografia de guerra, dominado pelos homens. O sucesso de "Women of Jihad", sua série de fotografias de mulheres no Afeganistão, feita na esteira do 11 de Setembro, garantiu-lhe uma bolsa de "gênios" da Fundação MacArthur em 2009. Addario acabou se especializando em retratos íntimos de mulheres estrangeiras, em grande parte de pele negra e marrom, publicadas em revistas ocidentais de renome. Um trabalho em particular, que apareceu na capa da revista *Time* em 2016, mostra uma adolescente sudanesa quase nua, grávida do filho de seu estuprador — uma imagem que nenhuma revista exibiria se a retratada fosse uma garota norte-americana. Em seu livro de fotos lançado em 2018, *Of Love & War* [Do amor e da guerra], o destaque é a bravura da própria Addario ao aventurar-se numa zona de guerra; já o heroísmo de civis que estão efetivamente *lutando* a guerra, imposta pelos Estados Unidos e seus aliados, jamais aparece.[32] Addario descreve o quanto o acesso aos espaços femininos e até mesmo sua própria experiência com a maternidade a ajudaram no trabalho de reportagem, mas nunca reconhece, ou tampouco questiona, o oportunismo na forma de acionar essa "irmandade", ou como sua branquitude e "americanidade" tiveram papel essencial em seu trabalho ou no poder dado a ela de decidir que parte da vida das mulheres afegãs tornar "visível" para o mundo branco e ocidental.

Para muitas escritoras feministas brancas, "levantar o véu" de suas irmãs mais ignorantes foi um caminho seguro para o sucesso. *The Taliban Shuffle: Strange Days in Afghanistan and Pakistan* [A confusão no Talibã: dias estranhos no Afeganistão e no Paquistão], o livro de memórias de Kim Barker, ex-jornalista do *Chicago Tribune*, foi adaptado para o cinema e estrelado pela comediante Tina Fey. Katherine Zoepf, que escrevia para o *The New York Times* da Síria e do

Egito, escreveu seu próprio livro, *Excellent Daughters: The Secret Lives of Young Women Who Are Transforming the Arab World* [Filhas exemplares: a vida secreta das jovens mulheres que estão transformando o mundo árabe]. Em 2019, Dionne Searcey, correspondente da África ocidental para o *The New York Times*, lançou seu livro de memórias, *In Pursuit of Disobedient Women* [Em busca de mulheres desobedientes], com o próprio título fazendo alusão ao fato de que mulheres desobedientes (leia-se: mulheres que se comportam como as feministas brancas acham que elas deveriam se comportar) são difíceis de encontrar naquela região. E a lista não para aí.

É uma combinação conveniente, as divisões de gênero do mundo muçulmano e os objetivos feministas individualistas do mundo ocidental, numa época de guerra constante. Pela ótica de uma mulher branca que funciona como uma câmara de legitimação moral, questões de tortura e subjugação se transformam em pequenas celebrações da bravura feminina e não em denúncias da crueldade norte-americana. Os norte-americanos que virem as fotos de Addario ou as reportagens de Searcey sobre o Boko Haram para o *The New York Times* não terão a real dimensão do impacto da Guerra ao Terror ou do papel dos Estados Unidos nela. Saberão apenas da "coragem" de mulheres brancas que, como Gertrude Bell fizera há cem anos, foram desbravar o campo de batalha e alcançar seu potencial de igualdade em relação aos homens por meio dos permanentes benefícios do privilégio branco restaurados pela dominação norte-americana.

Nesse tipo de reportagem, pressupõe-se que trazer as histórias à luz é, de alguma forma, benéfico para as mulheres retratadas. Em uma entrevista, Lynsey Addario diz que suas fotos de mulheres afegãs eram uma tentativa de revelar aos leitores "quem essas mulheres são de verdade — se eles puderem vê-las em suas casas, com seus filhos... Talvez isso ofereça um panorama mais completo".[33] Da mesma forma que o suposto objetivo do resgate feminista serve para legitimizar a violência da guerra, a desculpa de que estão ajudando suas entrevistadas dá às jornalistas feministas brancas uma carta branca moral para mentir e se utilizar de outros subterfúgios livremente. Quando Addario queria fotografar uma escola secreta para meninas sob o regime do Talibã, ela usou a câmera "escondida na bolsa".[34] Quando um homem afegão (Addario parecia combinar suas reportagens primeiro com eles) não quis consentir que ela fotografasse a mulher "dele", seus protestos podiam ser ignorados por nossa repórter feminista cheia de princípios, já que carregavam em si um machismo repugnante. A repórter, no entanto, infelizmente se esquece de contar em seu livro como e se obtinha o consentimento das próprias mulheres. Talvez Addario tenha sido mais cuidadosa em obter esse consentimento em outros casos (apesar de não falar o idioma), mas neste incidente em particular, não fica claro se ela o fez, e o fato de não falar sobre o assunto no livro sugere que o importante não era o consentimento, mas as fotos. É indiscutível que haveria um enorme estrago se a escola secreta fosse exposta por suas fotos. (E, evidente, não foram apenas mulheres brancas que cometeram esse tipo de erro. Steven McCurry, fotógrafo que tirou a icônica foto da "menina afegã" publicada em 1985 na *National Geographic*, foi acusado de fazê-lo sem o consentimento da menina. Ele nega a acusação.)[35]

Quando os subterfúgios não são necessários, ou não são possíveis, as reportagens das feministas brancas contam com um tipo de camaradagem que pode ajudar a extrair detalhes. No prólogo do livro *Excellent Daughters*, de Katherine Zoepf, nós a encontramos abrigada com um grupo de adolescentes sauditas, e uma delas está prestes a se casar. Todas trocam confidências (por exemplo, a noiva espera ter um casamento temático da Disney). Zoepf apela para sua infância como testemunha de Jeová e assume a tarefa de nos revelar os segredos dessas jovens sauditas com quem fez amizade. Por meio das palavras de Zoepf, nos sentimos parte daquele encontro, levados àquele mundo misterioso no qual mulheres muçulmanas compartilham segredos longe dos olhares masculinos, e normalmente longe dos leitores ocidentais também.

Ela insinua que as meninas que estão mais à vontade em falar sobre a Disney do que sobre seus futuros maridos são pueris, ou que é terrivelmente atrasado considerar polêmica a questão de falar com um homem antes de se casar — mas Zoepf faz seus julgamentos condescendentes apenas para os leitores, não para as "amigas" sauditas. Em outras incursões jornalísticas, ela se concentra numa sociedade secreta na Síria, e depois se volta para as caçadoras de maridos na parte liberal do Líbano, apoiando-se na mistura sexo-e-Oriente (o capítulo se chama "As virgens mais promíscuas do mundo") que sempre faz sucesso com o leitor ocidental. Apesar de saber disso, Zoepf demonstra surpresa quando algumas de suas entrevistadas perguntam por que ela está mais interessada nesse tipo de história libidinosa do que nas "meninas libanesas sérias", aquelas que lutam por uma educação melhor, por espaços de trabalho sem assédio e por relações mais igualitárias. Para qualquer outra pessoa, o motivo deve estar bem óbvio: Zoepf pode ou não estar tentando promover e explicar as dificuldades de outras mulheres — ou até desafiar a maneira como os norte-americanos veem as mulheres muçulmanas — para construir uma compreensão feminista mútua, mas o que ela acaba fazendo é apenas criar um "caça-cliques" para feministas brancas.

A falta de responsabilidade ao retratar suas entrevistadas vem à tona em *Excellent Daughters* quando Zoepf fala sobre a reação de algumas delas às suas reportagens. Na Síria, ela entrevista Enas, filha de dezoito anos de uma mulher que comanda uma madraça totalmente feminina. Depois da publicação da matéria no *The New York Times* — que "incluiu declarações de Enas e sua melhor amiga Fatima, além de uma enorme foto que mostrava Enas ajoelhada no tapete da madraça onde tinha aulas" —, Zoepf recebeu um telefonema aflito da adolescente, cuja exposição no jornal poderia gerar "uma visita assustadora da mukhabarat, a famosa polícia secreta, à madraça", além de vigilância e importunação subsequentes.[36] Ninguém está sendo ajudado aqui, não com a vida de mulheres como Enas colocada em risco por causa da carreira de mulheres como Zoepf.

Este é o resultado previsível quando o acesso à intimidade de alguém se transforma em reportagem, e a construção de uma irmandade verdadeira é dissipada em nome da ambição pessoal. Além de todo o resto, é essencial lembrar que a suposta intimidade que essas jornalistas interpretam não deve ser confundida com habilidade. Addario não fala afegão nem dari e, ela própria admite, não sabe "muita coisa sobre o Afeganistão para além das reportagens do *Times*" que leu enquanto fazia exercícios no elíptico.[37] Zoepf estudou árabe, mas não se sabe qual é seu nível de proficiência.

•

O embate de feminismos que se vê no incômodo gerado pelo paradigma jornalista-sendo-feminista reflete a tensão entre coletivo e individual, algo que percorre a história do empoderamento das mulheres. O feminismo da irmandade alega que há uma afinidade feminina universal, unida pela luta contra o patriarcado; a partir desse conceito, faz sentido que jornalistas ocidentais tenham acesso a espaços íntimos de mulheres de cor. É fácil dizer para mulheres afegãs ou nigerianas como você também é mãe ou que também já se sentiu assustada ao andar sozinha na rua à noite, fabricando os laços emocionais que constroem a confiança. No entanto, no fim das contas, é o feminismo do individualismo cruel que motiva o comportamento de muitas jornalistas brancas.

Seja trabalhando nos escalões da CIA e caçando Osama bin Laden, seja, pelo lado "leve" da campanha de guerra, fazendo reportagens que de modo geral apoiam uma visão de mundo neoimperialista centrada nos Estados Unidos, as feministas brancas foram fundamentais na Guerra ao Terror. Perpetuando as hierarquias raciais e a exploração egoísta da era colonial, elas identificaram que progresso não era a renúncia às guerras e aos impérios, mas a competição com os homens brancos nas tarefas do neoimperialismo.

As feministas brancas da era colonial só queriam saber de espalhar seus costumes civilizados, mas as feministas brancas neocoloniais querem exibir sua coragem e compaixão — em geral, ao mesmo tempo que fornecem subsídios morais para crueldades cometidas sob o pretexto do feminismo. Os tempos podem ter mudado, mas o empenho da branquitude em extrair valor de todos os lugares possíveis — e dominar a narrativa para fazer parecer benevolência — persiste.

CAPÍTULO CINCO

Liberação sexual é empoderamento feminino

A primeira vez que ouvi falar em feminismo pró-sexo foi em um seminário de pós-graduação numa grande universidade do Meio-Oeste norte-americano. Toda terça e quinta, a sala grande e vazia localizada no porão de um dos desgastados prédios do campus se enchia de estudantes ansiosas para falar sobre seus encontros sexuais, suas preferências por um tipo ou outro de arte erótica e para reafirmar as capacidades transformadoras do ato sexual. Para quem não estava lá, o feminismo pró-sexo defende a ideia de que as mulheres não são livres se não forem livres sexualmente. No clima de competição que seminários de pós-graduação costumam provocar, minhas colegas divagavam sobre sexo a três, términos repentinos e triunfantes de relacionamento com amantes que se apegavam emocionalmente (quem tem tempo para se apegar?) e muito sexo em geral. Cada aula se desenrolava quase como um tipo de performance, em que a identidade sexual era o que definia cada uma das estudantes. Ninguém queria ser a "não liberada", então todas compartilhavam — às vezes até um pouco demais — de forma compulsiva.

Nossa professora, uma mulher branca um tanto presunçosa, com piercing no nariz, cabelos revoltos e ostentando lenços e bugigangas típicos de pessoas viajadas, encorajava tudo aquilo como uma grande mestra de cerimônias. Num seminário de pós-graduação de teoria feminista, a pergunta sobre como e quando a liberação sexual havia se tornado não apenas o centro mas a essência completa da liberdade nunca surgiu, nem qualquer discussão sobre identidade sexual e políticas radicais. O ano era 2006.

Fiquei decepcionada, mas não disse nada. Concordava que liberação sexual era uma parte essencial da liberação de forma geral; só não estava convencida de que era o todo. Estava em busca de uma política que fizesse mais, que usasse a dominação cisgênero sobre todos os outros para expor a opressão hegemônica similar da branquitude, que discutisse quem estava automaticamente incluído sob o guarda-chuva do feminismo e quem não estava. Na comparação com isso, a obsessão daquele seminário com a ideia de que atividade sexual representava todos os aspectos do feminismo me pareceu muito limitada e imatura.

Eu não era mais velha do que as outras alunas presentes, mas era divorciada e mãe solo. Passava boa parte do tempo fazendo malabarismo com o dinheiro e as creches precárias, num orçamento que precisava ser constantemente esticado e ajustado; não tinha muita energia para buscar a próxima aventura sexual. Na época em que participei do seminário, tinha acabado de voltar do Paquistão, ainda magoada por precisar explicar minhas escolhas de vida para uma família que nunca vira um divórcio antes. No Paquistão, fiquei preocupada em perder a custódia da minha filha, porque crianças eram vistas como parte integrante da família do pai; nos tribunais norte-americanos, eu precisava explicar que era uma boa mãe, pois trabalhava e estudava o dia inteiro, e não tinha uma rede de apoio muito forte. Precisava convencê-los de que ser pobre e imigrante não me tornava uma mãe ruim.

O mundo em que eu vivia fora das aulas da universidade não era o mesmo que a maioria das minhas colegas conhecia; era um mundo de responsabilidade, precariedade e sobrevivência. E eu sentia com intensidade a diferença em relação às minhas colegas. Minha pele marrom e minhas túnicas longas enviadas de Carachi já eram evidências por si sós, eu sentia — um indicativo de que eu vinha de um lugar muito menos liberado sexualmente e que não era adepta da performance da liberação sexual. Muitos dos que me conheceram no Paquistão, na adolescência, teriam rido se soubessem daquela insegurança em relação à minha suposta falta de sexualidade. Eu havia sido (e ainda era) a mais rebelde da turma na escola. Estava sempre ávida para fazer tudo e qualquer coisa que fosse proi-

bida: esconder batons, ligar para garotos aleatórios, flertar com qualquer um que visse, levantar as calças para mostrar o tornozelo e, de maneira geral, quebrar todas as regras que pudesse. Se me dissessem que era obrigada a fazer algo, simplesmente não queria fazer. Até mesmo nos Estados Unidos, eu era a única entre as diversas mães solo do meu grupo social que insistia em estudar apesar das advertências dos orientadores brancos de que "faculdade de Direito não é lugar para mães, muito menos para mães solo".
  Mas nesse seminário de pós-graduação, que era parte do ph.D no diploma conjunto de doutorado e ph.D para o qual estava estudando, fiquei na defensiva por outros motivos. Ser uma mulher muçulmana era uma identidade que, na visão da maioria dos acadêmicos liberais, e sem dúvida dos estudantes, era facilmente conectada à repressão sexual. Poucas das minhas colegas tinham alguma ideia de como era a vida em outras culturas. Com muita frequência, e em muitas outras aulas, eu ouvira estudantes e professores usarem as pobres mulheres aprisionadas pelo Islã (ou, como os professores e colegas descreviam de forma incorreta, "mulheres islâmicas") para destacar, de maneira despreocupada, a relativa sorte das feministas do Ocidente.
  Para deixar evidente que não era uma dessas mulheres oprimidas e sexualmente subjugadas do mundo muçulmano, eu precisava *performar* minha sexualidade. Já vi muitas outras mulheres marrons fazendo o mesmo desde então: alardear seu amor por pornografia e piadas vulgares, falar sobre as coisas devassas

que gosta de fazer com o marido ou namorado, qualquer coisa que saliente que são liberadas sexualmente e, portanto, empoderadas. Não tinha muito a ver com realmente gostar daquilo que estavam falando — talvez elas gostassem, e que bom para elas —, mas com o fato de que precisavam mostrar isso para serem vistas como iguais às mulheres brancas. Não me importava nem um pouco que as pessoas tivessem vidas sexuais movimentadas, variadas e satisfatórias, nem mesmo que falassem sobre isso. O que me importava especificamente era com a expectativa de que falar sobre isso funcionasse como uma espécie de passaporte para ser legitimamente feminista.

Hoje existe um termo para esse tipo de pressão: sexualidade compulsória. Em seu trabalho, a pesquisadora Kristina Gupta a define como uma evolução da definição de "heterossexualidade compulsória" cunhada pela feminista radical Adrienne Rich, e que é explicada como "um sistema de normas e práticas que força as mulheres a serem heterossexuais".[1] Gupta e outras pesquisadoras identificaram manifestações de sexualidade compulsória tanto nas sociedades sexualmente repressivas que negam às mulheres a possibilidade de escolha e liberação sexual quanto nas sociedades supostamente liberadas sexualmente, como os Estados Unidos, que esperam que as mulheres performem suas identidades sexuais. Em ambos os casos, a "sexualidade compulsória" é um meio de disciplinar os outros ou um "vetor de regulação". A ideia de "assexualidade" como identidade evoluiu, aliás, em parte para destacar a pressão sentida por pessoas que não desejam atribuir a si mesmas uma identidade sexual de forma mercadológica. "Sexo-sociedade" é um conceito similar cunhado pela teórica de gênero Ela Przybylo para descrever um mundo compulsoriamente sexual. Como é difícil avaliar algo no qual estamos imersos o tempo inteiro, Przybylo usa a ideia da assexualidade, o oposto da sexualidade compulsória, para explicar seu trabalho. Quando consideramos o mundo sob a ótica de um assexual e não da posição de qualquer outra identidade sexual, podemos compreender melhor como a heterossexualidade e, em menor grau, as identidades LGBTQIA+ foram cooptadas como base para um mercado de bens que devem ser consumidos. O consumo de certos produtos torna-se a base do que é considerado sexual ou sexy. Todo mundo sabe que sexo vende, especialmente o sexo heteronormativo, mas Przybylo argumenta que o sexo vem sendo usado para esconder quanto o capitalismo se infiltrou em nossas reflexões sobre nossa própria identidade, sendo a identidade heteronormativa a mais cooptada, e as identidades LGBTQIA+, um pouco menos. A assexualidade, portanto, funciona não apenas como identidade sexual por si só, mas também como um conceito no qual se revela a interseção entre o capitalismo e as políticas de identidade sexual. Nós consumimos e, por consequência, somos sexuais; nossa identidade sexual é fundamentada no consumo capitalista.

Na época da pós-graduação, em 2006, eu não tinha acesso a esse tipo de debate ou uma compreensão que me permitisse explicar a sensação de ser pressionada e forçada a me expressar de certa maneira. Apoiava com veemência a liberação sexual e a expressão sexual, mas não entendia por que isso tinha que ser a coisa mais importante ou mesmo a mais visível a meu respeito. O fardo de precisar me reafirmar como uma pessoa que não é reprimida sexualmente — e, com isso, ganhar a carteirinha de "feminista" que me garantia o respeito e o direto à voz — permaneceu pesado e implacável sobre meus ombros durante todo o semestre. Mesmo se tivesse sido capaz de explicar como a assexualidade ajuda a salientar o potencial anticapitalista perdido de uma heterossexualidade imersa no consumismo, eu teria ficado com medo de trazer isso à tona. "Pobrezinha", minhas colegas talvez pensassem, "toda aquela repressão da cultura dela a deixou assexual." Nessa equação em que empoderamento sexual é equivalente a empoderamento, não havia espaço para considerar o peso da sexualidade compulsória.

Nenhum texto de feministas muçulmanas foi recomendado para leitura no curso, nada de *Woman and Gender in Islam* [Mulheres e gênero no Islã], de Leila Ahmed, ou *Qur'an and Woman* [Alcorão e mulheres], de Amina Wadud — textos que teriam destacado de que forma o feminismo confronta o patriarcado de dentro do Islã. Passamos menos de uma hora de aula falando sobre isso. É evidente que nenhuma aula ou seminário pode dar conta de todos os assuntos. Mas, por causa da falta de inclusão de algo que fosse além das perspectivas mais eurocêntricas, essa aula não oferecia recursos analíticos para contestar o feminismo pró-sexo. O consenso entre minhas colegas nem ficava nítido como tal — como uma hegemonia de uma única perspectiva em relação a outras alternativas — porque nossas professoras nem consideravam essas perspectivas outras como exemplos legítimos o suficiente para figurar no cânone da literatura e da teoria feministas. As vozes que ouvíamos no seminário e que estavam nos textos lidos eram, de modo geral, brancas e, em sua maioria, privilegiadas; e a bibliografia do curso indicava para mim que essas vozes eram as que importavam.

A exclusão especificamente das feministas muçulmanas da narrativa do pensamento feminista é parte do status quo no Ocidente desde sempre, e isso só muda em repentinos surtos de atenção a feministas "outras" quando novos eventos voltam seu foco para elas.

Em 2015, quando foi publicado *Minha vida na estrada*, livro de memórias de Gloria Steinem, ela listou 28 mulheres e três homens como os "melhores escritores feministas contemporâneos".[2] Não há na lista nenhuma feminista muçulmana que não tenha concordado com o apoio de Steinem à invasão do Afeganistão.[3] Isso não devia me surpreender: Steinem era uma feminista liberal que já trabalhara para a CIA e continuava a atuar no conselho de organizações para mulheres soldadas e a discursar em eventos em que era descrita como "uma das maiores defensoras das mulheres nas Forças Armadas".[4]

As mulheres muçulmanas mais amadas pela imprensa ocidental são aquelas que visivelmente se recusam a criticar o Ocidente e focam apenas no que há de errado com o Islã, os muçulmanos e as sociedades muçulmanas, de modo a validar a tese colonial de que todas as melhorias vêm do Ocidente. A literatura recente sobre as iniciativas de combate ao extremismo violento sustenta essa tese, trazendo o mistério orientalista e até mesmo um erotismo sinistro para uma trama que coloca as mulheres muçulmanas como mantenedoras e apoiadoras da pauta terrorista de vários grupos.[5]

Não é apenas a direita que deseja incluir as mulheres muçulmanas no espectro de culpa em que todos os homens muçulmanos já são automaticamente subentendidos como terroristas ou terroristas em potencial. É possível que, sobretudo entre as feministas autodeclaradas, haja uma curiosa mudança que acontece quando se fala da sexualidade de mulheres muçulmanas e da figura monstruosa do terrorista muçulmano, como descobri ao escrever um artigo chamado "Women and Islamic Militancy" [Mulheres e militância islâmica] na edição de inverno de 2015 da tradicional revista de esquerda *Dissent*.[6] O tema central do meu texto era como algumas organizações militantes muçulmanas usavam uma retórica parecida com a do "empoderamento" para atrair mulheres. E observava que a exclusão de mulheres muçulmanas da narrativa principal do feminismo ocidental contribuía para dar mais poder a esse apelo. O artigo foi considerado tão problemático pelos editores da *Dissent* que foi publicado em conjunto com uma "resposta" de uma feminista "de verdade", que tentou sem sucesso derrubar meus argumentos listando os pecados do Estado Islâmico contra as mulheres (como se eu não os conhecesse); especulando se adolescentes de dezesseis anos recrutadas pelo Estado Islâmico eram maduras o suficiente para tomar decisões políticas; e apresentando uma história da oposição conservadora aos movimentos de mulheres de modo geral. Pouco depois da publicação, Michael Walzer, um dos editores-chefes da *Dissent* e professor de filosofia política em Princeton, deu uma entrevista na qual me acusava de ser "fascinada e até mesmo excitada" pela ideia de uma "guerreira" muçulmana e por assassinatos terroristas.[7]

Aqui, portanto, está a islamofobia liberal, me retratando como alguém irracional, uma pessoa pautada pelas emoções e por uma obsessão sinistra, e não por um interesse intelectual e questionamento crítico. Depois desse comentário, fui banida da arena da discussão racional, pois era muito mulher, muito muçulmana, muito desqualificada para que falassem comigo diretamente; era apenas ridicularizada em textos e alvo de insinuações. Assim como o racismo e a misoginia se misturaram no julgamento e acusação de Tituba, uma mulher escravizada e acusada de bruxaria em Salém, Massachusetts, em 1600, aqui o orientalismo, o racismo e a misoginia se uniram na fala de Walzer ao caracterizar minhas "fascinações".

Na minha visão, a sugestão de Walzer de que eu me sentia de alguma forma excitada pelo terrorismo trazia à tona a noção orientalista de que, como muçulmana, eu era muito reprimida para atingir o prazer sexual por meio do sexo propriamente dito e, portanto, estava buscando satisfação erótica na fantasia de matar terroristas.

A liberação sexual e o feminismo nem sempre andaram juntos. A Revolução Sexual dos anos 1960 em diante viu o reconhecimento e a popularização da ideia de que as mulheres, assim como os homens, tinham necessidades e desejos sexuais, e deveriam ter a liberdade de buscá-los. O movimento de liberação das mulheres, que começou bem antes disso, tinha objetivos mais abrangentes, como a igualdade de gênero, o acesso a oportunidades de trabalho e o fim da violência e do assédio em casa e nos locais de trabalho. As duas tendências se uniram nas décadas de 1970 e 1980, quando foram colonizadas pelo capitalismo. O crescimento da participação das mulheres na economia para além da doméstica, com a carteira cheia de dinheiro conquistado por elas mesmas, criou uma nova categoria de consumidor. Algumas defensoras da liberação das mulheres queriam ser vistas como sensuais, o que significa que os publicitários poderiam atraí-las com imagens de mulheres sexualmente liberais usando certo tipo de lingerie, comprando maquiagem e itens de moda, fumando certo tipo de cigarro e tomando certo tipo de bebida alcoólica. Um anúncio impresso de 1972 dos relógios Bulova mostra os braços de um homem e de uma mulher, com relógios combinando e o slogan "Salário equivalente, tempo equivalente"; um comercial do cigarro Virgina Slims mostra uma mulher vestindo uma calça apertada e se inclinando para a frente com o slogan "Estes são mais esbeltos do que os cigarros grossos dos homens". A empresa de cigarros Newport desenvolveu toda uma campanha baseada na busca pela satisfação da mulher sexualmente liberada e economicamente empoderada: "Viva com prazer".[8] A energia e a atenção da mulher comum, que alguns anos antes podia estar protestando por salários iguais, agora eram cooptadas e direcionadas para passear no shopping e comprar este ou aquele significante social. Sexo é um ótimo material de marketing, e um feminismo sexy poderia ser direcionado para a compra de produtos supostamente empoderadores. Esse feminismo sexy estava menos preocupado com o coletivo de "todas" as mulheres, ou com a solidariedade feminista, e mais com o individual, a busca do prazer e o desejo de seguir adiante. Foi esse processo de colonização corporativa que destruiu as possibilidades políticas do movimento feminista. A transformação política estava fora de cena; o que estava dentro era o aumento do poder de compra individual da mulher, tornando-a um espécime melhor do *homo economicus*.

Terminada a infame década do "amor livre", e com a Revolução Sexual iniciada por ela em pleno curso, a tese principal do livro *Política sexual*, de Kate Millett — a de que o ato sexual está imbuído das diferenças de poder que operam numa sociedade patriarcal — ganhou relevância especial. Para defender essa tese, Millett desconstruiu o trabalho dos escritores então ditos "progressistas" Henry Miller, D.H.

Lawrence e Norman Mailer. O que era vendido como picante e erótico, afirmava ela, era apenas a normalização de formas de humilhar, degradar e subjugar mulheres. Segundo Millett, a liberação sexual não podia ser a única forma de liberação das mulheres, porque o sexo também podia ser um meio de perpetuação do patriarcado. O feminismo não podia deixar de lidar com esse tema se quisesse de fato atingir a igualdade e canalizar o poder real da Revolução Sexual. Empoderamento para as mulheres, defendia Millett, supunha uma ação política radical, com a energia das mulheres voltada para destruir as estruturas do capitalismo que, da mesma forma, eram dominadas pelos homens. Para Millett, seria o desmoronamento dos sistemas de poder que, no fim das contas, levaria à igualdade para as mulheres. Se a Revolução Sexual reconhecia as necessidades sexuais das mulheres, o livro *Política sexual* estava mostrando como elas vinham sendo usadas como objeto para satisfazer as necessidades dos homens. Se a Revolução Sexual queria que as mulheres assumissem sua sexualidade, Millett queria uma nova consciência feminista que provocasse uma análise das relações de gênero e, consequentemente, o desenvolvimento de uma política radical que destruiria os sistemas de poder e controle misóginos.

Na época, parecia que essa análise e a avaliação crítica das diferenças de poder no sexo (heterossexual e outros) seriam os próximos passos no movimento das mulheres. Quando o livro de Millett foi publicado, em 1979, se tornou um best-seller, e ela foi aclamada como a nova queridinha do movimento feminista. Saiu até na capa da revista *Time*, e sua análise crítica do sexo foi considerada visionária numa época turbulenta. Nem o renome nem o caráter essencial de sua tese perduraram. Talvez ligar o ato heterossexual à opressão e dizer que o projeto do feminismo está inerentemente associado ao desmonte dos excessos do capitalismo tenha sido pedir por mudanças demais, rápido demais. Era melhor aplaudir mulheres que abraçavam o sexo como protagonistas da liberação feminina e sexual, chamá-las de empoderadas e encorajar a ideia de que consumir certos produtos, como cigarros Virginia Slim ou batom Maybelline, era um exercício de poder feminista. No fim das contas, quem ganhou foi o feminismo corporativo sexy, que unia liberação ao consumo desenfreado. Nos anos 1990, ninguém mais estava lendo *Política sexual* e nenhuma instituição acadêmica queria Millett como professora titular. De certa forma, o destino dela foi o destino das políticas radicais, que um dia tinham sido a base da organização e da ação feministas.

A primeira era do feminismo branco, a "primeira onda", foi a das lutas pelo sufrágio.[9] A segunda onda, à qual Millett pertencia, viu tanto o surgimento de políticas radicais *antiestablishment* quanto a abertura de uma enorme quantidade de oportunidades econômicas. Nesse sentido, a segunda onda apresentou dois tipos de feminismo, conflitantes e interconectados: a feminista radical comprometida em recriar estruturas políticas e sociais e a trabalhadora ansiosa por conquistar o máximo possível das novas oportunidades. Quando a terceira onda chegou, por volta dos anos 1990, as políticas radicais já não existiam. Quando as mulheres da geração X pegaram o bastão para continuar o trabalho iniciado na segunda onda, ficou evidente qual dos dois grupos vencera o duelo radicais *versus* trabalhadoras.

A mulher que estabeleceu as bases para um feminismo alinhado ao mundo corporativo foi Helen Gurley Brown. Sete anos antes que Kate Millett escrevesse *Política sexual*, Brown publicou seu best-seller, *Sex and the Single Girl* [Sexo e a garota solteira]. Nesse livro, Brown, uma mulher determinada vinda do Arkansas, recomendava às jovens que se tornassem financeiramente independentes e fizessem sexo antes do casamento. Ao que parece, o livro foi concebido quando o então marido de Brown lhe sugeriu que escrevesse sobre os detalhes dos casos amorosos de uma moça solteira. Depois de *Sex and the Single Girl*, que vendeu milhões de exemplares, veio *Sex and the Office* [Sexo e o trabalho], no qual Brown dá conselhos às mulheres sobre como usar sua feminilidade e sexualidade para crescer no mercado de trabalho.

Brown tinha uma plataforma que lhe permitia atingir as mulheres norte-americanas de classe média, em especial aquelas que estavam começando a trabalhar. Como editora da *Cosmopolitan* até 1997, Brown defendia um feminismo astuto centrado no amor pelas aventuras sexuais (sempre heteronormativas) e no uso inteligente da sexualidade feminina para "crescer", como ela mesma fizera. Brown foi uma das primeiras mulheres a apresentar às jovens norte-americanas a ideia de que elas podiam ter tudo

— "tudo" significava amor, sexo e dinheiro. Ela colocava essas ideias na revista, e assim surgiu a "Garota Cosmo", a quem o *The New York Times* descreveu como "independente, sexual e ambiciosa".[10] A Garota Cosmo "era linda, vestia roupas fabulosas e se divertia descaradamente quando as tirava". Esse tipo de feminismo era vendável. Helen Gurley Brown era uma grande adepta do consumo desenfreado. O feminismo das Garotas Cosmo não era baseado nos protestos e questionamentos das feministas radicais do movimento de mulheres. Os publicitários enchiam (e continuam a encher) as páginas da revista para vender roupas, perfumes, bolsas e todas as outras coisas que as mulheres, agora convertidas em produtoras e consumidoras, deviam comprar, junto com dicas intermináveis sobre como satisfazer um homem na cama.

Sair para encontros, encontrar e manter um homem eram as principais preocupações das editoras que trabalhavam para Brown, e o vocabulário de negócios da revista era um indicativo de como as mulheres estavam sendo encorajadas a encarar os relacionamentos românticos sob o prisma de uma espécie de economia. Como Moira Wiegel apontou de forma perspicaz no livro *Labor of Love* [Trabalho do amor], as mulheres eram incentivadas a "pesquisar o mercado", "não se acomodar" e "se fazerem de difíceis".

O sexo para a *Cosmo* não tinha qualquer conotação política ou intelectual; era mais um produto, algo pelo qual as mulheres poderiam se mobilizar, mas que se baseava primeiramente em torná-las mais atraentes para os homens com a ajuda dos anunciantes da revista. E a ênfase dissimulada na liberdade sexual acabou domesticando uma versão mais radical do feminismo para se adequar à sociedade capitalista. Em vez de confrontar a questão espinhosa de como o próprio sexo replica o patriarcado de formas complexas, o sexo foi transformado numa mercadoria que poderia ser consumida tanto por homens quanto por mulheres. E se o sexo era compreendido como uma mercadoria que as mulheres estavam escolhendo consumir, então a objetificação feminina, que era moralmente problemática, seria substituída pela objetificação do sexo, moralmente neutra. As mulheres *escolhiam* comprar maquiagem, saltos altos ou peitos maiores não para agradar os homens, mas para aumentar sua própria autoestima e sua capacidade de desfrutar da liberação sexual. Ao mesmo tempo, o foco foi redirecionado, saindo das instituições governamentais opressivas para a própria mulher como consumidora. Ela carregava o poder da autodefinição e da autodeterminação na carteira.

    O problema era que as "escolhas" das mulheres eram, em grande medida, construídas pelo capitalismo de mercado. Agora vistas como consumidoras, elas eram repetidamente abordadas com perguntas do tipo: você quer este batom ou aquele, esta bolsa ou aquela? Porém, mesmo enquanto essas escolhas específicas eram apresentadas, o universo real das escolhas disponíveis para as mulheres estava encolhendo. Conforme se tornavam mais poderosas como consumidoras e até em posições de comando na vida profissional, elas perdiam o poder de definir as escolhas que queriam fazer. As mulheres agora podiam escolher entre múltiplas marcas de sabão em pó, mas adiavam ou negligenciavam oportunidades de se organizar politicamente para reivindicar creches gratuitas para todas as mulheres. O capitalismo de consumo seduzia com escolhas. Essas escolhas davam a ilusão de poder e controle nesse constante "isso ou aquilo", que é a base do mundo das compras. E a compradora é sempre uma mulher individual. Ela pode escolher comprar esse ou aquele carro, essa ou aquela casa, exercendo poder econômico enquanto o poder coletivo das mulheres, para além das escolhas de consumo, se esvai. O capitalismo se vale do indivíduo e, por isso, valoriza o indivíduo. A política, com toda a sua agitação e coletivismo, é uma ameaça para o projeto de colonização de todas as atividades humanas para que gerem lucro e, por isso, o capitalismo a demoniza. No cabo de guerra entre as duas vertentes do feminismo — de um lado as feministas radicais, mulheres que se organizaram coletivamente e cujas demandas por igualdade também foram expressas coletivamente, e do outro as Garotas Cosmo endinheiradas interessadas em acumular poder na forma de capital econômico —, o segundo grupo venceu. Quando Helen Gurley Brown se aposentou, em 1997, as feministas radicais já tinham desaparecido do firmamento feminista.

O culto ao indivíduo se tornou a regra, ao lado de sua expressão de poder por meio das escolhas de consumo e do acúmulo de capital. O foco do feminismo tinha mudado: em vez de aspirarem desenvolver um consenso e construir solidariedade com base no que era bom para todas, as mulheres agora eram recompensadas e até mesmo celebradas por tomarem conta de si mesmas. A mulher "independente" surgiu para tomar seu lugar ao lado do homem "independente" no mito ocidental do sucesso. Mas enquanto as escolhas de consumo cresciam, eram as grandes corporações, e não os pequenos negócios, que dominavam a produção e a venda dos produtos usados pelas mulheres. Assim, o real poder gerado por esse lucro ficava concentrado nas mãos dos poucos executivos à frente de empresas multinacionais gigantes.[11] E ainda que, individualmente, as mulheres tenham fortalecido seu poder de compra, seu poder como funcionárias desses chefes corporativos diminuía. Enquanto isso, proliferavam os livros de autoajuda destinados às mulheres, que as encorajavam a concluir que qualquer sensação de insatisfação era um problema individual — e poderia ser resolvido, como quase tudo, comprando alguma coisa. Um livro escrito pela própria Gloria Steinem se chamava *Revolution from Within: a Book of Self-Esteem* [A revolução interior: um livro sobre autoestima]. No texto, Steinem se afasta das políticas de organização de mulheres e define que o problema das mulheres é interno, de autoimagem.

O sexo continuou no centro dessa visão feminista moderna, o que deu origem a um feminismo pop, leve e divertido consolidado pela bem-sucedida série de TV *Sex and the City*. O apetite sexual voraz da personagem Samantha, em especial, era celebrado como uma prova da igualdade que a Revolução Sexual tinha "conquistado" para as mulheres. *Sex and the City* foi um sucesso tão duradouro e considerado um marco tão histórico do progresso feminista que acabou se tornando um modelo por meio do qual as feministas brancas do Ocidente mensuravam o empoderamento de outros países. Recentemente, em 2018, quase quinze anos depois do fim da última temporada da série, o *The New York Times* publicou uma resenha de *An African City*, uma comédia dramática ganesa na qual cinco mulheres buscam o amor em Acra. O jornal adorou o fato de as personagens da série "se encaixarem perfeitamente nos arquétipos de Carrie ou Miranda" e serem "tão livres e liberais no sexo quanto suas precursoras norte-americanas".[12] Outras semelhanças não receberam a mesma atenção; o texto não menciona que o estilo de vida das personagens é mais ou menos uma fantasia, quase impossível de um ponto de vista econômico para a maioria das espectadoras. Mas questões de classe não são do interesse dos criadores de *Sex and the City* ou de seus sucessores; desde que as personagens deem declarações sexualmente provocativas e representem os altos níveis de consumo feminino, quem se importa com a vida real das mulheres? Uma aspiração delirante à vida de mulheres brancas de classe média alta numa das cidades mais financeiramente desiguais do mundo, cuja grande conquista é representar o mito de que a liberdade sexual é o único resultado da soma de empoderamento com liberação — um feminismo raso baseado no consumo com um pouquinho de liberação sexual jogada ali para distrair —, é esse o produto norte-americano exportado internacionalmente.

Por trás da popularidade de *Sex and the City*, havia a crença das feministas brancas de que foram elas que descobriram o prazer sexual feminino e seu potencial libertador. De acordo com esse mito, todas as mulheres do mundo foram reprimidas sexualmente desde o início dos tempos, até que as mulheres brancas descobriram o prazer sexual feminino e se lançaram a ensiná-lo para as mulheres do resto do mundo. Postas de lado todas as limitações dessa versão individualista e consumista do progresso feminista, o outro problema com essa exportação da liberação sexual promovida pelas feministas brancas é sua convicção fervorosa de que de fato a estavam levando a partes do mundo que mal tinham ouvido a palavra "sexo" antes de a cultura branca chegar para derrubar esses tabus. Em 2019, o *The New York Times* resenhou uma série de TV senegalesa chamada *Mistress of a Married Man* [Amante de um homem casado], que tem momentos como a cena em que a protagonista Mereme aponta para a própria virilha e diz: "Isso é meu. Eu dou para quem eu quiser." O jornalista do *Times* faz suposições genéricas sobre o Senegal, comparando o modelo revolucionário e contestador de liberação sexual oferecido por Carrie e Samantha com uma "cultura na qual a sexualidade da mulher se mantém sob um véu de discrição".[13]

No entanto, o Senegal, antiga colônia francesa, já fora muito mais aberto e permissivo sexualmente do que os Estados Unidos ou a Europa; no século XIX, governantes franceses lamentavam a "educação moral" permissiva e a "influência perversa da população local".[14] Com a Índia, país que nos deu alguns dos mais antigos textos sobre sexo, a situação não é melhor. "Há muito sexo casual", anima-se o jornalista do *The New York Times* ao resenhar a série indiana *Four More Shots Please* [Mais quatro doses, por favor], enquanto descreve, de modo previsível, a série como um *Sex and the City* indiano. Mas, para manter a hierarquia implícita do produto de massa ocidental sobre o "progresso" limitado conseguido pela Índia, ele acha necessário mencionar que "espectadores conservadores reclamaram que a série tem muito sexo".[15]

Sex and the City trafega pelo mito de que a liberação sexual foi "descoberta" por mulheres brancas pioneiras que gostam de salto alto e de sair com homens emocionalmente indisponíveis. O pressuposto é que quanto mais a sociedade evolui, mais liberada sexualmente ela fica; as sociedades brancas e ocidentais, já evoluídas, estão mais à frente no caminho rumo ao progresso do que as sociedades não ocidentais. E, contudo, o próprio conservadorismo sexual que é condenado como sinal do atraso das sociedades não brancas foi, na verdade, um presente da colonização branca e ocidental. Da mesma forma que agora os brancos ocidentais estão ansiosos para libertar as mulheres dos pudores e repressões sexuais, eles estavam ansiosos para impor restrições sexuais às culturas que colonizaram há apenas um século e meio. Antes da colonização britânica, era normal que na Índia as pessoas desfrutassem de relacionamentos não monogâmicos. Havia seitas hindus nas quais as mulheres tinham múltiplos parceiros, assim como os homens muçulmanos que se casavam com várias mulheres para sempre ou mesmo faziam contratos de casamento temporários para um namorico passageiro. Todos esses arranjos reconheciam as limitações do relacionamento marital monogâmico, que era a única forma de casamento conhecida e imposta pelos europeus colonizadores. E obviamente outras relações sexuais aconteciam entre adultos de comum acordo, como um mercador rico que se relacionava com uma dançarina ou uma mulher viúva ou solteira com posses que arranjava um amante mais novo. Relacionamentos homossexuais e transgênero também aconteciam à luz do dia, algo que assustou os colonizadores britânicos. Alguns indivíduos transgêneros trabalhavam nos aposentos femininos de casas ricas e outros em alguns dos quarteirões de "lazer" de cidades indianas como Lucnau e Déli, onde tinham clientes fiéis da corte Mogol.

Em comparação, na mesma época, na Grã-Bretanha, as relações heterossexuais monogâmicas dentro do casamento eram as únicas formas aceitas de contato sexual. Diferentemente da Índia, com suas muitas religiões, seitas e crenças, a Grã-Bretanha do mesmo período era um Estado religioso, e seu governo estava intimamente ligado à Igreja Anglicana; monogamia heterossexual era parte do código moral do cristianismo e não, como algumas pessoas brancas pressupõem erroneamente, um "código moral natural". Durante o período de duzentos anos em que controlaram a Índia, os britânicos estavam decididos a "civilizar" seus domínios impondo suas próprias regras sociais e culturais — incluindo aquelas sobre sexo.[16] Se a Grã--Bretanha colonial tivesse que criar uma série de TV baseada em suas crenças e regras, o título deveria ser "Punindo o sexo na cidade", e não *Sex and the City*. Assim como os ocidentais de hoje têm essa visão caricata de todas as sociedades não ocidentais como atrofiadas e reprimidas sexualmente de forma grotesca, os brancos do século XIX pressupunham que todas as sociedades não ocidentais eram promíscuas demais.

Em ambos os casos, o desejo não tem nada a ver com a verdadeira compreensão de outra cultura, nem mesmo com o sexo. Trata-se da dominação do outro. Na ausência de provas concretas desses perigos imaginários, os colonizadores brancos simplesmente mudaram as regras e saíram criando "crimes" pelos quais podiam punir a população local. Quando as mulheres nativas eram classificadas como depravadas sexuais, sua inferioridade moral ficava estabelecida aos olhos dos britânicos, o que dava à presença colonizadora o selo positivo de reformista. Sob o domínio da colonização britânica, foram criadas a Lei de Doenças Contagiosas, em 1868, e a Lei dos Acantonamentos, em 1864, que estabeleciam espaços de segregação racial para controlar e criminalizar a grande variedade de comportamentos sexuais das mulheres indianas. Algumas das cláusulas da Lei dos Acantonamentos exigiam que as prostitutas indianas que atendiam os soldados britânicos morassem nos arredores do acantonamento militar, para que assim ficassem separadas da população local e fizessem sexo exclusivamente com homens brancos. Os britânicos também criaram classificações legais de "prostituição" tão vagas e amplas que lhes davam poder sobre o maior número possível de mulheres. A poligamia das altas castas hindus, a viuvez brâmane, ordens de pedintes religiosas, diversas formas de performance pública e até mesmo práticas do casamento muçulmano caíram no universo da "prostituição" porque não se assemelhavam aos casamentos monogâmicos e heterossexuais dos próprios colonizadores. De acordo com o magistrado britânico Alexander Abercrombie, as mulheres muçulmanas "eram mais descaradas sexualmente do que suas colegas hindus, com seu apetite sexual insaciável e uma promiscuidade perigosa".[17] E as prostitutas existiam "por causa da natureza sexual insaciável das mulheres hindus, que não conseguiam se controlar, apesar das severas restrições hindus, porque adoravam a excitação".[18]

Para garantir que os homens nativos cooperassem com o projeto colonial e à semelhança do sistema de dois pesos e duas medidas que já comandava os gêneros na Grã-Bretanha, não houve qualquer interferência nos comportamentos sexuais masculinos heterossexuais. Enquanto isso, a administração da colônia submetia suas recém-denominadas "prostitutas" a exames genitais forçados, sujeitando o corpo da maioria das mulheres indianas ao escrutínio da administração britânica. Na época, embora as leis contra o aborto na Inglaterra raramente fossem aplicadas, os crimes de infanticídio e feticídio foram criados como categorias legislativas com consequências criminais na Índia, onde eram aplicadas com rigidez.[19] Restrições legais similares, assim como as violações de direitos humanos relacionadas a elas, também foram colocadas em prática em Hong Kong pelos britânicos. Os locais de moradia das mulheres eram designados dentro ou fora das áreas de acantonamento de acordo com os homens a quem elas "atendiam". As mulheres que prestavam serviços aos soldados europeus brancos tinham que morar na área de acantonamento e respeitar restrições severas a seu direito de ir e vir. Também eram submetidas a exames ginecológicos forçados. Esse tipo de regra ainda era usado pelos colonizadores britânicos até 1939, às vezes como punição por protestos. Naquele ano, um grupo de mulheres Herero da área central da Namíbia organizou um "protesto" no qual declarava que o país estava infectado por um veneno e apenas um curandeiro poderia removê-lo. Os britânicos decidiram que o veneno ao qual elas se referiam no protesto era doença venérea e imediatamente instituíram leis exigindo que mulheres negras solteiras se submetessem a exames ginecológicos forçados para erradicar a doença.

Uma série de restrições e leis que controlavam o comportamento sexual feminino foi colocada em prática durante todo o Império Britânico, sob o pretexto de "civilizar" a população local feminina. A razão, além da nítida misoginia de tudo, era que os britânicos precisavam da cooperação dos homens para governar; por exemplo, os soldados indianos serviam o Exército britânico e, de forma quase literal, possibilitavam que o amplo mecanismo do império funcionasse. Limitar o que eles podiam fazer, portanto, teria sido um problema maior para os britânicos, e talvez até tivesse provocado mais rebeliões no fim do século XIX em diante. A consequência foi que a regulação sexual da sociedade indiana pelos britânicos aconteceu quase exclusivamente pelo controle e enquadramento das mulheres.[20]

O caso de Kally Bewah, uma mulher hindu de alta casta que foi encontrada morta numa cabana próxima à sua casa na Calcutá colonial, é um exemplo de como até mesmo o cadáver de uma mulher indiana podia ser usado como prova de sua depravação moral e incompetência como mulher e mãe. A história ilustra como os corpos de mulheres que simplesmente poderiam ter morrido durante o parto eram transformados em amostras para atestar sua incompetência inata como sujeitos morais.

O corpo de Kally Bewah foi encontrado nu e em decomposição parcial, com roupas ensanguentadas debaixo da cabeça. O legista de Bengala Ocidental, um homem chamado E. M. Chambers, conduziu a autópsia em algum momento antes de 14 de dezembro de 1885, e então resumiu suas descobertas numa carta enviada ao júri de inquérito.[21] Chambers presumiu que Kally Bewah, uma viúva brâmane de classe alta, só podia, como era muito comum, ter sido "impura" e se envolvido em ato sexual ilícito, e então tentado fazer um aborto para esconder o fato de ter feito sexo fora do casamento. Se Kally Bewah estava morta, era porque ela mais ou menos merecia. O corpo não era usado como base para uma investigação de verdade sobre a causa da morte; era apenas prova de que a cultura hindu transformava suas mulheres insaciáveis em depravadas sexuais assassinas de bebês.

Como era de se esperar, o júri formado por funcionários brancos do regime colonial concordou com essa interpretação e escreveu: "Somos da opinião de que Kally Bewah estava de fato grávida e a inflamação do útero que causou sua morte foi resultado de um aborto criminoso ou espontâneo." Eles concluíram que, ao fazer isso, Bewah "cometeu um ato precipitado e negligente pelo qual deveria ser presa sob a seção 304 do Código Penal Indiano" e por "ocultar nascimento" sob outro código.

Kally Bewah já estava morta e obviamente não poderia ser presa em lugar algum, mas não é essa questão. Na época, as leis contra o aborto na Inglaterra quase não eram aplicadas e, no entanto, os crimes de infanticídio e feticídio eram punidos pelos britânicos na Índia com rigidez, o que mostra o contraste moral entre a população local e os paradigmas da virtuosa sociedade branca.[22] O objetivo da autópsia nunca fora coletar provas e encontrar o assassino de Bewah. O objetivo tinha sido coletar provas para acusar sua cultura, para sustentar a fantasia de que mulheres indianas eram promíscuas sexualmente ao ponto de serem criminosas e que só poderiam ser "corrigidas" com a intervenção colonial.

Com essa presunção do autoaborto estava também a sugestão de que mulheres marrons eram mães essencialmente ruins, com tendências a negligenciar e até mesmo matar seus filhos. Essa presunção a respeito das mães não brancas, comparada com o arquétipo vitoriano da matriarca branca como "o anjo do lar", persiste até hoje. Nos Estados Unidos, mães negras são vistas há décadas como "mães drogadas". Esse é apenas mais um modelo de criminalização francamente usado para levantar suposições sobre o valor moral de um grupo racial. Em sua versão moderna, esse truque retórico também esconde de forma conveniente as condições econômicas — criadas pelas pessoas brancas no poder — que impulsionam os mesmos ciclos de pobreza, vício e crime considerados intrínsecos pelas mesmas pessoas brancas. Da mesma forma, mães latinas são caracterizadas como "procriadoras": têm muitos filhos, mas não conseguem sustentar todos eles — outro sintoma da exclusão econômica operada pelos brancos e depois utilizado por esses mesmos brancos como evidência de inferioridade. E seguindo com exatidão o mesmo padrão, as mães nativo-americanas são estereotipadas como alcoólatras e, na imaginação dos brancos, associadas à síndrome alcoólica fetal, sem qualquer relação com a realidade, e sem prestar atenção às condições de dominação branca que aumentam as taxas de vício numa comunidade financeiramente e culturalmente desfavorecida.[23]

Do colonialismo ao neocolonialismo, populações inteiras são desprezadas com essa imagem da mãe não branca fracassada, tida como evidência da inferioridade moral e da necessidade incontestável do altruísmo ocidental. A existência enraizada dessas suposições é claramente utilizada por agências de adoção como a Adoption Help International, cujo site explica que "a maneira mais fácil de saber que tipos de criança estão disponíveis para adoção na Guatemala é compreender os processos de 'abandono' e 'renúncia' em curso". Abandono, de acordo com esse texto, é "quando uma criança foi abandonada por sua família biológica ou quando os direitos parentais foram retirados pelo governo guatemalteco devido a negligência" e renúncia é "quando uma mãe guatemalteca abdica dos cuidados da criança para um advogado devido a sua incapacidade de oferecer cuidados maternos". A sugestão de que há uma crise generalizada na maternidade guatemalteca, tão disseminada que deu origem a uma terminologia própria, convida as mães brancas norte-americanas a se prontificarem a resgatar essas crianças.[24]

A mãe não branca (naquela época e ainda hoje) é "subalternizada" ou considerada sem voz, espremida entre as pressões do patriarcado na sua própria cultura e a nobreza da mãe branca. O comportamento das mulheres brancas é perfeitamente moderado em comparação às mães não brancas, reprimidas demais ou incontroláveis demais para ser um bom exemplo para os filhos, e estes então ficam disponíveis para serem resgatados pelas ávidas mulheres brancas.

•

No fim do meu semestre de pós-graduação em teoria feminista, escrevi um artigo sobre os esforços para revogar uma lei paquistanesa que criminaliza a fornicação e o adultério (uma das Ordenanças Hudood). Argumentei que reformas no Paquistão precisavam ser relevantes cultural e religiosamente. Um dos textos analíticos que usei como exemplo tinha sido escrito pela professora de Direito da Universidade de Winsconsin Asifa Quraishi, que utilizava os preceitos islâmicos para mostrar os erros graves da lei em curso. Em *Her Honor: An Islamic Critique of the Rape Laws in Pakistan from a Woman-Sensitive Perspective* [Sua Excelência: uma crítica islâmica às leis de estupro no Paquistão a partir de uma perspectiva sensível à mulher], Quraishi tenta desconstruir a ideia de que a lei islâmica exige a acusação por *zina* (adultério/fornicação) da forma como ela vem sendo aplicada no Paquistão, trazendo a própria lei islâmica como uma ferramenta de empoderamento para as mulheres, e não de opressão. Além de Quraishi, também discuti o trabalho da pesquisadora corânica Amina Wadud, cujo livro *Inside Gender Jihad: Women's Reform in Islam* [Por dentro da Jihad de gênero: reformas das mulheres no Islã] tinha acabado de ser publicado e que, em 2004, fora a primeira mulher norte-americana a comandar um culto islâmico para homens e mulheres. Assim como Quraishi, Wadud argumentava que a doutrina religiosa islâmica, interpretada exclusivamente pelos homens por anos, precisava ser reivindicada pelas mulheres. É nessa reivindicação que estão as possibilidades de igualdade e empoderamento. Eu queria trazer essas mulheres para a conversa, destacar o que estavam dizendo e talvez até inspirar minha professora a usar o trabalho delas no seminário.

Em resposta ao artigo que enviei, a principal preocupação da minha professora foi que eu não tinha utilizado os textos que foram a base para nossas discussões em aula. E era verdade. Aqueles textos abordavam exaustivamente o sexo a partir de uma ideia de prazer e escolha individual. Eu ainda não tinha as ferramentas para dissecar essas crenças e enfatizar o quanto elas reiteravam uma complacência colonial. As indianas tinham sido livres demais no passado; eram atrasadas e reprimidas demais agora. Eu havia tentado provar muitas coisas com aquele artigo, mas sobretudo que a liberação sexual era crucial, mas não o único aspecto do empoderamento. Em vez de expor meus argumentos na linguagem do consumo sexual ou apresentar um monólogo da vagina muçulmano, quis abrir espaço para um discurso feminista que de fato tivesse relevância para mulheres muçulmanas. E rejeitava a premissa de que o prazer sexual tinha que ser o centro do movimento feminista.

A falta de interesse da minha professora nas feministas muçulmanas é um exemplo do quanto os atos comuns de negligenciar, excluir e ignorar esses trabalhos vão se juntando para garantir um projeto maior de marginalização e apagamento. Até hoje, quando o trabalho de feministas negras, marrons, asiáticas ou muçulmanas é incluído em aulas de estudos de gênero, de forma geral é oferecido como tempero, e o prato principal são os textos das feministas brancas. Onde estão os cursos de estudos de gênero em que se ensina predominantemente os trabalhos de feministas negras e marrons? A mesma mecânica de exclusão e apagamento reaparece no universo do ativismo. A pesquisadora feminista negra Treva Lindsay critica o modo como a história do ativismo antiestupro nos Estados Unidos, por exemplo, é contada como uma história de feministas brancas que começou nos anos 1970.[25] No entanto, o ativismo antiestupro empreendido pelas mulheres negras começou em 1866, quando um grupo de afro-americanas deu um depoimento diante do Congresso sobre um caso de estupro coletivo durante os protestos em Memphis. Apesar do testemunho corajoso, o Congresso se recusou a punir os estupradores. No fim do século XIX, as feministas negras e ativistas Ida B. Wells e Fannie Barrier Williams criaram e participaram de campanhas antiestupro. Muito depois, já no fim do século XX, as mulheres negras finalmente ganharam a companhia das brancas, que estavam acordando para a necessidade de falar sobre o assunto e que até então não tinham feito quaisquer alianças com as mulheres negras. Apesar do fato de as mulheres negras já estarem na luta há um século, é o interesse das mulheres brancas que aparece como referência na maioria dos textos e discussões feministas sobre o assunto.

Em um exemplo mais recente, artigos e discussões a respeito do movimento #MeToo com frequência se esquecem de citar que ele foi criado por uma mulher negra chamada Tarana Burke em 2006 (e não por Meryl Streep, Alyssa Milano e suas companheiras celebridades). E quase não se fala que, em 2018, Burke criticou o movimento #MeToo por ignorar as questões enfrentadas por mulheres pobres e destacar apenas as mulheres brancas famosas. Em uma palestra durante a conferência Facing Race, Burke tentou convencer o público, formado majoritariamente por mulheres pretas e marrons, a reconsiderar o movimento: "A primeira coisa que escuto das pessoas é que o movimento #MeToo se esqueceu de nós", disse ela, a respeito de mulheres negras, hispânicas e nativo-americanas. "Todos os dias ouço alguma versão disso. Mas estou aqui para lhes dizer o seguinte: o movimento #MeToo não se define pelo que a mídia diz a você. Nós somos o movimento e por isso preciso que vocês não se afastem do movimento #MeToo... Preciso que vocês reformulem seu trabalho para incluir a violência sexual. É assim que vamos recuperar a narrativa. Parem de ceder seu poder para gente branca."[26]

•

Quando fiz aquela matéria de pós-graduação em teoria feminista, poucas feministas estavam questionando a "sexualidade compulsória" ou a tentativa de compreender a totalidade das questões de identidade e relações de gênero pelo viés da orientação sexual. A primeira vez que escrevi sobre isso foi para a *The New Republic*, em 2015, e mesmo então ainda era uma ideia relativamente nova. Quando aquele texto foi publicado on-line, recebi muitas mensagens de mulheres, a maioria delas marrons, que concordaram efusivamente e me disseram o quanto tinham esperado por aquele tipo de abordagem.

Sem dúvida, a mensagem não era novidade na maioria dos países conservadores como o Paquistão, onde a sexualização das sociedades ocidentais é comumente criticada e vista como símbolo de decadência moral. Mas o que eu estava dizendo era diferente; não era um pensamento de alguém que se baseava na religião, mas o de alguém que via os limites do poder transformador do "feminismo sexy" numa sociedade em que o sexo tinha sido completamente cooptado pelo capitalismo. E identificava a pegadinha na qual as feministas brancas caíam ao desconsiderar qualquer crítica à sexualidade compulsória vinda de uma mulher muçulmana de cor por ser provavelmente uma expressão de desconforto com o sexo em si. Eu estava criticando a perda do poder feminista ao abarcar o capitalismo.

Um mês antes de o texto da *The New Republic* ser publicado, Michelle Goldberg, colunista do *The New York Times*, observou que "para muita gente, o regime sexual contemporâneo que coloca o prazer acima de qualquer coisa não é tão divertido". Goldberg estava debatendo o trabalho de Rachel Hills, uma feminista australiana que passou vários anos documentando as consequências da liberação sexual para os *millennials*; fazer sexo, ou até mesmo fazer muito sexo, defendia ela, tinha se tornado uma opressão sexual por si só. Hills afirma que "a verdadeira autonomia sexual feminina não é só o direito das mulheres de fazer sexo sem estigmas ou julgamentos, embora isso seja importante. Também envolve o direito de ter confiança para não fazer sexo quando não quiser ou quando não puder ser feito nas condições em que ela se sinta confortável".

Hill apresenta as descobertas feitas a partir de centenas de entrevistas, muitas delas histórias de mulheres que se sentiram obrigadas a fingir ser mais sexualizadas do que eram para se adequar ao ideal de feminista legal e descolada. Revistas como a *Cosmo* e outras voltadas para as mulheres reforçavam esse paradigma, definindo os orgasmos, uma vida sexual aventureira e a constante busca por novidades como base para uma vida sexual boa e até mesmo saudável. Tudo isso, conclui Hills, levou à transformação das mulheres de objetos sexuais em sujeitos sexuais. Enquanto as primeiras eram fiscalizadas por outras pessoas, essas últimas fiscalizam a si mesmas, avaliando e regulando o próprio comportamento para criar uma identidade que se encaixasse no ideal cultural.

A incorporação do feminismo ocidental pelo capitalismo usando a liberação sexual como armadilha pode ser vista de novo agora, quando voltamos as atenções para a cultura queer. Conceitos como sexo-

-sociedade e sexualidade compulsória são úteis aqui não apenas para mostrar a expectativa universal de que as feministas façam sexo e a tirania dessa pressão para mulheres assexuais, que implicitamente passam a não ser aceitas pelo feminismo. Eles também mostram como o capitalismo tardio continua, em nome da "liberação sexual", transformando novas orientações sexuais em mercadorias. Uma vez que a orientação sexual é caracterizada e definida, ela então renasce como uma categoria de mercado de pessoas para quem certas coisas podem ser vendidas. A liberdade, até mesmo a liberdade sexual, é reduzida à liberdade de consumir e performar, e nada de justiça ou igualdade ou redistribuição de recursos. Para movimentos políticos dedicados a essas últimas questões, o universo de possibilidades está enterrado e subordinado às capacidades de mercantilização das empresas capitalistas. O reconhecimento das identidades LGBTQIA+ não significa apenas direitos iguais dentro dos sistemas legais, mas também a possibilidade de vender para aqueles que se identificam com elas. A igualdade também significa reconhecimento comercial e o desenvolvimento de um consumismo focado na compra de produtos especialmente pensados para determinadas identidades sexuais como forma de empoderamento.

Um exemplo é a transformação das paradas do orgulho em festivais de consumismo cheios de produtos com a bandeira do arco-íris. Um artigo publicado na *Wired* em 2018 destacou que "todo mundo", em especial as grandes corporações, quer entrar na campanha do orgulho agora.[27] A Target vende camisetas com a frase "O amor vence", a Nike vende tênis da campanha "Seja verdadeiro" e até o Burger King lançou o sanduíche "Whopper orgulhoso" em alguns de seus maiores mercados. A Apple também entrou na dança recentemente, vendendo a edição Orgulho da pulseira para o Apple Watch, e o energético Red Bull espalhou outdoors que mostravam uma fileira de latinhas com as cores do arco-íris e o slogan "Asas para todos".

A venda desses produtos não é, em si, algo ruim, em especial porque normaliza as identidades LGBTQIA+ e promove a inclusão. O perigo é que o consumo desses produtos seja a única maneira pela qual as pessoas se envolvam com essas causas e ignorem as histórias de exclusão e opressão severas sofridas por indivíduos LGBTQIA+ e todo o trabalho que ainda precisa ser feito em muitos lugares para garantir aceitação, segurança e direitos iguais para esses grupos. Nas palavras de um crítico: "Marsha P. Johnson e Sylvia Rivera enfrentaram os policiais em Stonewall para vender camisetas?"[28]

A grande pergunta a ser feita a respeito desse "rainbow-washing"* e seu primo mais velho, o "pink-washing", que colore tudo de rosa durante a Semana de "Prevenção do Câncer de Mama", é se o potencial radical desses movimentos por liberdade acaba restringido ou incorporado pelas corporações com essa

---

* Prática de grandes empresas de utilizar a bandeira do arco-íris ou quaisquer outros símbolos progressistas para fins de marketing, sem necessariamente se comprometer com essas pautas. [N. da T.]

popularização de produtos feitos para mulheres e pessoas LGBTQIA+. Quando o sexo vende numa sociedade baseada em compra e venda, então tudo vai girar em torno de sexo, compra e venda. As políticas, em especial as políticas de um feminismo interseccional que realmente deseje incluir indivíduos LGBTQIA+, devem estar comprometidas em alcançar a justiça e a igualdade para além da simples livre expressão da orientação sexual.

Sexo sempre teve um papel essencial na maneira como o feminismo branco separa as mulheres brancas — e as coloca como superiores — das mulheres de cor. As mulheres negras são consideradas perigosas por sua sexualidade num grau que chega a ser desviante, primitivas demais ao expressar seus desejos para serem consideradas modelos fofos a serem seguidos (note que não há uma personagem negra em *Sex and the City*). Se a liberação sexual das mulheres brancas é algo a ser celebrado, a das mulheres negras é um perigo para o sistema, algo a ser domado e trazido para dentro dos limites da decência definida pelos brancos. Um estudo feito em 2018 pelo Centro Nacional de Direito da Mulher descobriu que meninas negras "enfrentam percepções estereotipadas dos adultos de que são mais provocativas sexualmente por causa de sua raça e, portanto, mais merecedoras de punições por usar uma blusa ou saia curtas" e que "meninas negras têm 17,8 vezes mais chances" de ser suspensas nas escolas de Washington do que meninas brancas. Uma razão para essa punição desproporcional é que "os adultos costumam ver as meninas negras como mais velhas e mais sexualizadas do que suas colegas brancas e, portanto, elas precisam de mais castigo".[29]

Se as meninas e mulheres negras são sexualizadas demais e não cobrem o corpo o suficiente, as meninas norte-americanas muçulmanas, incluindo as que são negras, cobrem o corpo demais e vivem sendo solicitadas a remover seus véus. Uma atleta negra e muçulmana foi desclassificada de um jogo de vôlei na escola porque se recusou a tirar o véu.[30] A uma outra foi pedido que retirasse seu hijab e provasse que aquela era sua religião.[31] Uma mulher muçulmana que participava dos protestos do Black Lives Matter em Michigan após a morte de George Floyd também foi forçada a retirar o véu pela polícia de Detroit, que erroneamente alegou ser necessário tirá-lo para a fotografia do registro policial.[32]

Se o feminismo pró-sexo impõe padrões de comportamento para as mulheres nos Estados Unidos, também espera que as mulheres do restante do mundo afirmem seus objetivos e desejos com a mesma linguagem, igualando liberação ao comportamento pró-sexo. Para serem celebradas como heroicas e dignas de aliança, as histórias e narrativas do "outro" precisam necessariamente invocar essa mesma linguagem, a centralidade do prazer sexual como essência do feminismo e a busca dele como seu maior pressuposto. Não é uma solicitação positiva.

O projeto de privatização que despolitiza o feminismo foi auxiliado pelo surgimento de correntes do feminismo que não julgam de forma alguma o fundamento das decisões das mulheres nem estão preocupadas com suas contribuições políticas. "Feminismo de escolha" é um termo cunhado pela professora de filosofia Linda Hirshman, que o utilizou para "batizar a convicção difundida nos Estados Unidos de que o movimento das mulheres as liberou para tomar a decisão que quiserem".[33] Hirshman se debruça nas escolhas relacionadas a trabalho assalariado e a trabalho não remunerado em casa, mas o feminismo de escolha é um fenômeno bem mais abrangente.

O jeito encontrado pelo feminismo de escolha (assim como o feminismo pró-sexo) para responder às críticas de que o feminismo é muito radical e questionador é simplesmente não dar qualquer opinião a respeito de nenhuma escolha. Com medo de se envolver em política, basicamente, o feminismo de escolha não contesta o status quo, celebra as mulheres não importando as escolhas que elas façam e se abstém de julgar suas ações — ainda que elas prejudiquem outras mulheres.[34] Para além do problema de se contentar com o status quo, o feminismo de escolha permite às mulheres evitar as decisões difíceis de quando se traz a política para a vida pessoal: exigir mudanças por parte dos amigos, da família e dos companheiros. Ao tornar tudo feminista, ele basicamente garante que nada mais é feminista, nada exige mudanças, nada exige sacrifício do interesse individual pelo bem coletivo.

Julgamentos, exclusão e clamores por mudança são partes inevitáveis da política. Se as feministas não quiserem se retirar completamente da política, precisam reconhecer as dificuldades de se envolver em política. Demandas políticas são parciais; mas é nessa parcialidade que reside a possibilidade de transformação. A ideia de que todo tipo de contestação é ruim foi fundamental para a despolitização da política. Tanto o feminismo pró-sexo quanto o feminismo de escolha minimizam e ignoram as questões das mulheres de cor e das mulheres pobres, que precisam de uma mudança no status quo. Nesse sentido crucial, portanto, o feminismo de escolha prioriza as necessidades e crenças de feministas brancas, baseado na escolha individual, porque desenvolver um coletivo e se engajar no processo bastante político que é construir consensos e contestar demandas não se encaixa em seus propósitos. Ironicamente, o feminismo de "escolha" na verdade garante que aquelas que não se beneficiam do status quo — do livre exercício de poder e individualidade que vem com o privilégio branco — jamais tenham outras escolhas além das que já têm no momento. Nesse sentido, então, feminismo de escolha é feminismo branco. É indiscutível que as mulheres devam ter a capacidade de fazer escolhas, incluindo escolhas sexuais, e ter total domínio sobre seu corpo, sem a intromissão do Estado. Ao mesmo tempo, defender a capacidade das mulheres de fazer escolhas não pode significar ausência completa de críticas a essas escolhas se queremos construir um movimento politicamente significativo. Também é essencial que a liberdade de fazer escolhas não se reduza a escolhas que dizem respeito a sexo. A capacidade de uma mulher de fazer escolhas deve ser protegida sempre; assim como o projeto feminista de contestar essas escolhas quando elas atrapalharem as possibilidades de empoderamento anticapitalista e solidariedade política.

Queria ter escrito tudo isso para o meu seminário de pós-graduação. Eu havia quebrado todas as normas de gênero com as quais cresci ao escolher a educação e a independência — e todas as dificuldades que vieram a partir daí — com pouco apoio. A preocupação do seminário com o prazer sexual e não com a política do sexo parecia altamente desconectada do feminismo que eu tentava com tanto esforço ensinar para minha filha. Quisera eu naquela época saber que não estava sozinha, quisera ter conseguido ouvir as vozes de outras feministas muçulmanas e marrons como eu, que travavam lutas na linha de frente contra o terrorismo, contra o obscurantismo religioso e contra a dominação patriarcal, mas ainda eram excluídas do discurso feminista branco.

Muitos anos se passaram desde aquele seminário na sala do porão, e estou mais preocupada do que nunca, pois o feminismo pró-sexo evita as críticas às empreitadas imperialistas no exterior e encoraja uma surdez deliberada em relação a todos os outros dialetos de empoderamento, apenas porque eles não afirmam que a liberdade, essencial e exclusivamente, significa liberdade de fazer sexo.

CAPÍTULO SEIS

Crimes de honra, MGF e supremacia feminista branca

Aos 25 anos, casada com meu marido desde os dezessete, fugi para um abrigo para vítimas de violência doméstica. Passei meses escondida com minha filha de dois anos, temendo que meu marido me matasse. Todas as outras mulheres que estavam no abrigo para onde fui, muitas delas brancas e norte-americanas, estavam escondidas mais ou menos pelo mesmo motivo.

Se meu marido, que é de origem paquistanesa, mas passou a vida inteira nos Estados Unidos, tivesse me matado, aquilo teria sido automaticamente chamado de "crime de honra", pois nós dois somos muçulmanos. A definição de crime de honra usada pela Human Rights Watch (HRW) é a seguinte: "Crimes de honra são atos de vingança, em geral assassinatos, cometidos por homens contra mulheres de uma mesma família sob a acusação de causar desonra à família. Uma mulher pode ser alvo (de indivíduos) de sua família por uma série de razões, incluindo recusar-se a aceitar um casamento arranjado, ser vítima de abuso sexual, pedir o divórcio — ainda que o marido seja abusivo — ou (supostamente) cometer adultério. A mera percepção de que uma mulher tenha se comportado de modo a 'desonrar' a família é suficiente para provocar um ataque a sua vida."[1]

Minha morte se encaixaria nesses critérios. Ao mesmo tempo, também se encaixariam as mortes de qualquer uma das mulheres brancas que conheci no abrigo e que enfrentaram a violência de parceiros porque se separaram de um homem, buscaram um novo relacionamento ou mexeram com o ego de algum homem ao longo de sua vida. Honra e ego, aparentemente ninguém percebe, são iterações das mesmas forças de domínio patriarcal. "Honra" faz mais sentido para aqueles que vivem numa sociedade coletivista, "ego" para os que vivem em uma individualista. Crime de honra e crime de ego são idênticos em suas motivações: disciplinar e destruir mulheres. A força motriz em ambos os casos é um homem que se acredita no direito de ter poder sobre a vida de uma mulher.

A definição da HRW não estabelece que crimes de honra tenham relação específica com pessoas de cor. Essa é uma suposição implícita das pessoas brancas. O rótulo de crime de honra jamais seria atribuído aos milhares de casos de violência doméstica cometidos entre pessoas brancas. É a presença de um criminoso de pele marrom que sustenta a ideia de que um crime é determinado pela identidade cultural ou religiosa dos envolvidos.

Voltando mais uma vez aos britânicos, o projeto do colonialismo envolvia criar definições de novos crimes e novos tipos de criminalidade para provar a degeneração moral daquelas pessoas cuja liberdade, recursos e terras estavam sendo saqueados. Isso era essencial para a missão de civilização dos colonizadores.

Conforme documentado por Bernard Cohn em seu livro *Imperialism and Its Forms of Knowledge* [Imperialismo e suas formas de conhecimento], os britânicos governaram criando o Estado etnográfico, o que significava que eles coletaram absolutamente todos os dados sobre a vida dos indianos, suas práticas, etnias e assim por diante.[2] Eles podiam contar aos indianos "fatos" sobre eles mesmos com base nos dados que tinham. Algumas das informações eram usadas com propósitos positivos, mas em outros casos eram utilizadas para colocar os grupos uns contra os outros. Quando a Companhia Britânica das Índias Orientais se tornou a administradora da colônia, os sistemas tradicionais de leis, como os tribunais Qazi ou mesmo instituições de base para resolução de disputas, como conselhos de aldeia, tiveram seu poder completamente eviscerado. As concepções de criminalidade impostas pelos britânicos (diferentemente das antigas e tradicionais) tendiam a ser impessoais e afastadas dos conhecimentos íntimos e contextualizados que se tinha antes.[3] Além disso, os criminosos indianos condenados da época, fossem homens ou mulheres, costumavam ser levados para outras partes do império para pagar suas penas com trabalho, resolvendo, assim, as questões de mão de obra do império.[4] Na metade do século XIX, aborto e infanticídio eram considerados crimes na Índia, e as mulheres indianas se tornaram uma nova categoria de criminosas. De acordo com essas definições, por um lado as mulheres indianas eram assassinas de bebês, dignas da escravidão, e, por outro, seres indefesos e oprimidos que só poderiam ser salvos pelos britânicos. A ideia principal era quebrar regras e costumes existentes e substituí-los pelas denominações coloniais. Os debates de 1837 sobre a instituição de um Código Penal Unificado na Índia salientavam que "ainda que não houvesse leis a respeito do aborto na Inglaterra, o código penal proposto deveria incluir leis contra o feticídio por causa de sua vasta ocorrência na Índia, onde o sexo ilegal levava a gravidezes ilegítimas".[5] A premissa de que não havia leis contra o aborto na Inglaterra era apenas parcialmente verdadeira; a Lei Ellenborough, de 1802, criminalizava o aborto, mas raramente era aplicada, e regulamentos posteriores, inclusive, criaram uma opção administrativa na qual as acusadas eram denunciadas por "ocultação de nascimento" em vez de "aborto criminoso" ou "assassinato de criança em gestação".[6] A condenação por um crime mais leve era, na verdade, comum em casos de suspeita de infanticídio no século XIX, pois os júris britânicos nitidamente evitavam proferir as sentenças de pena de morte que seriam a punição para uma condenação por assassinato.[7] Naquela época, na Grã-Bretanha, o sexo fora do casamento era considerado a maior ameaça para uma sociedade ordenada. As ramificações sociais e legais para uma mulher condenada por adultério eram duras, extensas e, em geral, irrevogáveis. Então, não há motivo para acreditar que mulheres britânicas não estivessem fazendo abortos clandestinos para esconder relações ilegais tanto quanto as indianas. A possibilidade da acusação por um crime de pena mais leve, como explicado anteriormente, não estava incluída nas discussões sobre o assunto na Índia. Estivessem ou não de fato preocupados com o aborto na Índia, os colonizadores brancos eram espertos o suficiente para saber que pintar as indianas como assassinas de bebês inveteradas era a maneira ideal de estabelecer os colonizados como criminosos e, assim, desumanizá-los.

Na Índia, o "infanticídio" tornou-se um meio para condenar especificamente as mulheres. O terrível crime de infanticídio já existia há tempos, mas a prática de acusar mulheres sob esse pretexto começou com a Lei do Infanticídio de 1870, depois da qual as mortes de meninas poderiam ser atribuídas a homens, mas as mortes de todos os bebês meninos geravam acusações às mães.[8] Quer dizer, para qualquer caso no qual um menino fosse morto, "a inovação reside na mudança de culpabilidade" dos homens líderes para as mulheres.[9] A conversão de algo que era uma situação complexa em uma distribuição singular de culpa era o que diferenciava a lei colonial das práticas habituais. Diferentemente do que acontecia na Grã-Bretanha, na Índia as mulheres eram de fato condenadas por infanticídio. Em abril de 1881, uma viúva brâmane chamada Vijayalakshmi, de 24 anos, foi condenada à morte por assassinar seu filho ilegítimo recém-nascido.

Os britânicos tinham uma razão oculta para condenar mulheres indianas por infanticídio. Muitas das mulheres condenadas que não eram sentenciadas à morte eram enviadas para trabalhar em outras colônias.[10] Por volta dos anos 1880, a maior parte dos prisioneiros transportados para o sudeste da Ásia vindos de outras partes do império eram mulheres condenadas por infanticídio, e registros da época sugerem que 80% do total de mulheres presas na Índia tinham sido condenadas por matar seus bebês.[11] Uma vez que eram transportadas para outros povoados britânicos, eram usadas para trabalhos domésticos, como limpeza, moagem de grãos e costura. Como a maior parte dos presos transportados eram homens, essas mesmas mulheres depois também foram consideradas responsáveis pelo surgimento de "vícios" como o crescimento da prostituição nesses povoados.[12]

Como era de se esperar, casos equivalentes de infanticídio eram tratados de forma completamente diferente na Inglaterra. No fim dos 1880, a viúva Esther Bishop foi julgada por infanticídio em Colchester. Seu bebê fora encontrado morto num balde de lavar roupa cheio de água; a investigação concluíra que o bebê tinha nascido vivo e depois fora afogado.

O júri condenou Bishop por "ocultação de nascimento". Era esse o padrão típico de condenação na época para casos de infanticídio julgados na Inglaterra; a maioria se resolvia com uma condenação por um crime mais leve.[13] Infanticídio era um crime horrível, mas, ao aplicarem o regulamento, os juízes e magistrados britânicos não levavam em consideração as condições específicas das mulheres diante deles, ou o fato de que para muitas delas a escolha era manter o bebê e morrer ela mesma (sem garantia de que alguém cuidaria daquele bebê ilegítimo) ou viver e matar o bebê. Até mesmo quando adotavam a retórica de salvar as mulheres indianas dos homens bárbaros, eles demonizavam essas mesmas mulheres que sofriam com os dois pesos e duas medidas e o controle patriarcal, alegando que as mulheres indianas eram tão propensas à promiscuidade e às relações sexuais ilegítimas que precisavam ser punidas de forma mais dura e específica.[14]

Os colonizadores britânicos também disseminaram pânico moral parecido diante da prática do "sati" ou, como os europeus chamavam, sacrifício de viúvas. (Em sânscrito, "sati" se refere à mulher que morre e não ao ritual, mas já que estou me referindo aos relatos europeus, vou usar "sati" para falar do ritual.) O rito — que não era uma prática estritamente religiosa — envolve uma viúva brâmane lançando-se sobre a pira funerária de seu marido, e já era raro na Índia mesmo naquela época. Boa parte do país não praticava aquele ritual bárbaro; em outras regiões, era restrito a certas castas. No século XVII, quando os britânicos descobriram o sati, ainda havia caça às bruxas, com julgamentos e fogueiras, por toda a Europa e colônias americanas.[15] Ainda assim, apesar das muitas semelhanças no "espetáculo" de queimar mulheres, e nos supostos fundamentos morais usados para fazê-lo, pelo visto as pessoas brancas só reconheciam a violência contra mulheres quando era perpetuada por aquelas "outras" culturas que consideravam primitivas.

A recusa em admitir as brutalidades culturais britânicas corria em paralelo à recusa em admitir a brutalidade do próprio colonialismo. A "Era dos Descobrimentos" europeia exigia essas alegações de supremacia moral para justificar o controle e a expansão colonial. Não importava que mulheres pobres e amplamente impotentes da própria Grã-Bretanha estivessem sujeitas a torturas e depois fossem queimadas vivas numa estaca diante de um público animado, nem que a prática do sati fosse, ao menos em alguns casos, consensual, o que era um pouquinho mais chocante do que o processo nada consensual da queima às bruxas. O ritual indiano era primitivo e extremista, e seu equivalente europeu era uma parte usual da manutenção da ordem.

Para enfatizar essa ideia, os britânicos decidiram tentar provar que não apenas o sati era parte predominante e integral da cultura hindu, mas que deveria ser banido por motivos humanitários. Buscaram evidências da prática nas escrituras sagradas hindus, usando todos os Vedas de cinco mil anos (uma tarefa nada fácil, já que não estavam muito bem organizados, dada a cultura oral da época) até encontrarem uma referência que corroborava suas próprias suposições sobre o sati, seu caráter religioso e sua desumanidade. Desse modo, conseguiram juntar três feitos imperialistas: transformar o hinduísmo numa religião monolítica baseada em escrituras (o que não era); decidir que interpretações aceitar como legítimas (proclamando a si mesmos como os derradeiros juízes do hinduísmo "correto"); e escrever na história a existência de uma "tradição" do sati (o que até hoje é altamente discutível).[16]

Relatos contemporâneos do ato foram escritos por missionários britânicos zelosos (poucos nativos viram acontecer, quem dirá forasteiros) e em seguida reformulados por futuros viajantes. É evidente que esses relatos são motivados por construções do outro racial como alguém "fundamentalmente incapaz de apresentar relações emocionais 'normais' ou segurança física de doenças, violência e até da morte sem o benefício das intervenções cristãs e, em particular, britânicas".[17] Reportagens alegremente dramáticas como esta sobre uma viúva de quatorze anos publicada na revista *London*, em 1825, foram diversas vezes recicladas: "Ela logo saltou das chamas e foi agarrada, carregada por mãos e pés e jogada outra vez no fogo, depois se desvencilhou de novo da fogueira e correu até um poço, deitando-se sobre o curso da água e chorando com amargura. Àquela altura, seu tio jurou pelo Ganges que a carregaria para casa se ela se sentasse num pedaço de pano (que ele trouxera), ela sentou e foi amarrada e carregada de volta para a fogueira, que agora ardia mais forte, e jogada sobre as chamas."[18] Os britânicos aprovaram a legislação que criminalizava o sati em 1829. Foi uma das primeiras intervenções legais que fizeram na Índia, e a barbaridade chocante da prática enfatizava devidamente a necessidade "moral" de impor leis coloniais, à medida que a presença britânica deixava de ser uma parceria comercial para se tornar uma ocupação. De forma conveniente, nessa época, as narrativas sobre o sati começaram a incluir a intervenção britânica e seus efeitos positivos. Em 1829, William Bowley, da Sociedade Missionária da Igreja, fez um relato de um sati no qual interveio e perguntou à viúva: "Por que você destrói a si mesma?", ao que ela respondeu: "Meu Thakoor" (o marido e senhor), apontando para o corpo do marido. Bowley então lhe disse: "Este corpo em decomposição não é o seu Thakoor, e você não tem mais qualquer relação com ele agora que está morto. Ele chegou ao mundo sozinho e vai embora sozinho." Bowley consegue convencê-la a deixar o corpo do marido queimar na pira e adiar sua própria fogueira para o dia seguinte. Durante a noite, conforme conta aos leitores, ele se certifica de que a viúva seja vigiada por policiais muçulmanos porque não confia nos hindus, que poderiam drogá-la e matá-la. Em outra conversa, no dia seguinte, a viúva confessa a Bowley que "todos são seus inimigos" naquela comunidade. Bowley, o herói, agora consegue providenciar o resgate: "Eu disse a ela que se nenhum de seus parentes ia protegê-la, ela poderia recorrer a mim, e eu garantiria que lhe fosse feita justiça. Também pedi que os policiais oferecessem seus serviços em caso de opressão, e ela ficou um pouco aliviada."[19]

Narrativas sensacionalistas do sati que demonizavam o hinduísmo como se fosse moralmente inferior ao cristianismo continuaram a circular pela Europa por décadas. O sati é tão presente na imaginação britânica que aparece no livro de aventura de Júlio Verne, *A volta ao mundo em oitenta dias*, publicado quase cinquenta anos depois, em 1873. No romance, o protagonista Phileas Fogg se depara com a prática nas profundezas da floresta indiana. Seu companheiro de viagem explica que uma mulher está prestes a ser queimada viva: "E, se ela não for, você não imagina o tipo de tratamento a que seria submetida por seus familiares. Eles raspariam seu cabelo, a alimentariam apenas com uma quantidade mínima de arroz e a tratariam com desprezo; ela seria vista como uma criatura impura e morreria em alguma sarjeta, como um cachorro sarnento."[20] No "sati" da imaginação dos colonizadores britânicos, os hindus eram hipnotizados pelos textos brâmanes e, por isso, incapazes de desobedecê-los.

Conforme apontado pela teórica Gayatri Chakravorty Spivak em sua análise do sati, os britânicos viam o ato de destacar e depois abolir a prática como parte de sua missão civilizatória na Índia; eles estariam "salvando" as mulheres nativas. Em comparação, os homens hindus alegavam que as mulheres queriam morrer. Assim, dois sistemas patriarcais, de um lado os homens brancos e, do outro, os homens marrons, apagaram a mulher e "não havia espaço onde o subalterno sexuado pudesse falar".[21] Mais tarde, depoimentos de mulheres hindus puseram em dúvida a base religiosa do sati, sugerindo que as preocupações das viúvas eram principalmente materiais e sociais, não religiosas.[22] As viúvas não podiam se casar de novo e, se não tivessem filhos (ou talvez até mesmo se tivessem), teriam poucos meios de sustentarem a si mesmas e de se protegerem contra a violência sexual, uma gravidez ilegítima e daí por diante. Em algumas regiões, essas mulheres passavam a representar uma ameaça para a ordem doméstica e a fidelidade dos maridos, e então tinham que ir viver nos arredores da aldeia sem qualquer estrutura. O sati era uma reação rara a uma situação impossível, mas a concepção colonial branca de que a religião era "o princípio estruturante" da sociedade hindu impossibilitou uma consideração mais ampla das dificuldades materiais e das dimensões sociais causadas pela viuvez.

O fenômeno moderno dos crimes de honra em comunidades muçulmanas também está intimamente ligado às intervenções colonialistas dos britânicos brancos na Índia. A prática judicial e a jurisprudência islâmicas pré-coloniais envolviam uma série de tribunais Qazi, cada um seguindo diferentes escolas de pensamento religioso, de seitas diferentes e, portanto, com regras diferentes para uma mesma questão. Isso incluía as quatro principais escolas de pensamento sunita e as duas xiitas, todas com visões distintas a respeito de assuntos diferentes, incluindo as interpretações do Alcorão, do Hádice (tradições do profeta Maomé) e tudo o mais. Essa pluralidade intencional de possibilidades de resolução de conflitos religiosos refletia a pluralidade de práticas da população indiana muçulmana, e dava a essa população a oportunidade de pesquisar e levar seu caso ao tribunal que parecesse mais adequado a suas práticas e crenças. Era um sistema de justiça dinâmico e ágil que refletia a realidade do cotidiano e evoluía com o tempo. Seu crescimento e evolução eram de fato essenciais para o modo como a lei era conceituada. Nesse sentido, na época em que existia, o sistema legal islâmico era oposto à lei britânica, construída a partir do conceito de *stare decisis*, ou seja, a manutenção de precedentes calcificados indefinidamente.

Os registros mais antigos da instalação de tribunais britânicos na Índia datam de 1726, quando a Companhia das Índias Orientais estabeleceu tribunais locais em Madras, Bombaim e Calcutá.[23] Em 1786, já havia um circuito de tribunais estabelecido, e se seguiram reformas que gradualmente substituíram a versão britânica das leis hinduístas e muçulmanas pelo Direito Comum Britânico. Antes disso, nem as leis hinduístas nem as muçulmanas eram sistematizadas. Os britânicos destruíram o sistema de justiça pluralístico que existia quando começaram a sistematizá-lo e a jogar tudo num regulamento único que se dizia representativo da maioria dos indianos muçulmanos. A lei islâmica, com seu foro permissivo e aberto a pesquisas, sua receptividade de interpretações diversas dos vários Qazis (juízes), era extremamente inadequada à sistematização, cujo propósito é consolidar tudo em leis e significados únicos. Mesmo depois da dissolução do Império Britânico, o legado dessa perspectiva rígida de uma "lei islâmica" unificada persistiu. Os tribunais Qazi eram interconectados com os impérios Mogol e Otomano (embora não dependessem totalmente deles), ambos derrotados pelos britânicos, cujo sistema de leis gradualmente os substituiu. Hoje, os tribunais Qazi existem em algumas partes do mundo, alguns informais e outros pertencentes ao Estado, mas nenhum se mantém como os que existiam antes da colonização britânica na Índia e da divisão do Império Otomano. A consequência de usar esse modelo de tamanho-único-para-todos é que os juízes têm pouca ou nenhuma autorização para considerar as circunstâncias individuais de cada caso. E isso, por sua vez, torna a lei suscetível a abusos por parte de pessoas de má-fé. O problema não era com os regulamentos em si, mas com o formato de regulação, que excluiu quaisquer possibilidades de haver uma variedade de interpretações e escolas de pensamento, em vez de apenas a única gravada no regulamento. Um exemplo disso pode ser visto na "Ordenança de Qisas e Diyat", de 1990, no Paquistão, que permitiu a familiares de pessoas mortas perdoar o assassino e retirar sua sentença caso ele pagasse o "dinheiro de sangue".[24] A lei não se aplica exclusivamente a crimes de honra, mas sua existência dificulta a condenação desse tipo de crime. Essa teria sido uma boa ideia num sistema judicial mais plural, no qual os tribunais poderiam considerar a relevância de uma reparação financeira para um crime avaliando caso a caso. Essa possibilidade, que poderia ter ajudado a evitar o uso dessa lei por casos envolvendo crimes de honra ou suspeitas de crime de honra, não estava prevista no regulamento. A Ordenança de Qisas e Diyat, cujo objetivo era prover reparação financeira para a família das vítimas em troca da liberdade do assassino, não seria mais uma brecha para criminosos de honra.

Mas a consequência legal de aplicar a lei indiscriminadamente foi abrir uma brecha para ser explorada por quem cometia crimes de honra. Quando um homicídio conjugal acontecia, por exemplo, outros membros da família (já que assassino e vítima normalmente pertencem à mesma família) poderiam intervir e perdoar o assassino, apagando, assim, o crime. Algumas leis anticrimes de honra já tentaram reverter essa brecha no Paquistão, mas não tiveram muito sucesso porque os assassinos insistem que a morte não foi um crime de honra (e, portanto, uma exceção para a lei do dinheiro de sangue), mas sim outra variedade qualquer de assassinato.

Crimes de honra são um dos assuntos favoritos dos jornalistas que escrevem sobre o mundo muçulmano. O pressuposto é que contar essas histórias de alguma forma funciona para acabar com a prática, garantindo a segurança de outras pessoas que desafiem suas famílias ao levantar a questão e colocá-la na pauta internacional. Mas o fato é que crimes de honra ainda acontecem no Paquistão, são motivos de protesto na Jordânia e vêm crescendo na Índia, o que sugere que essa premissa no melhor dos casos é falsa, e, no pior, deliberadamente enganosa.[25] Por outro lado, é fácil notar o quanto essas histórias beneficiam os jornalistas ocidentais brancos que se envolvem nelas (e levam ao mesmo tipo de conquistas financeiras e de status discutidas no Capítulo Quatro) e como reafirmam para os leitores e "salvadores" brancos ocidentais o quanto eles são sortudos.

Uma análise honesta dos crimes de honra demandaria um estudo das circunstâncias sociais e materiais que estimulam a violência doméstica contra mulheres — em centenas de milhares de casos de violência causada pelo parceiro nos Estados Unidos e no Reino Unido, além dos países estrangeiros. Para usar o exemplo do Afeganistão, é preciso começar admitindo que é uma sociedade cujas estruturas familiares e institucionais foram destruídas por cinco décadas de intervenção soviética e norte-americana. A "escolha" de um casamento por amor é inacessível para quase todos, homens ou mulheres, na sociedade afegã. Em vez disso, o casamento, em geral, é visto como forma de consolidar relações comunitárias desgastadas numa terra dilacerada pela guerra.

Na Jordânia, a luta contra os crimes de honra se concentrou na revogação de uma lei que isentava da pena o homem que descobrisse que a esposa ou outra mulher da família cometera adultério, e que tivesse matado ou ferido alguma delas.[26] Revogada em março de 2017, a lei existente tinha vindo do Código Penal Sírio que, por sua vez, fora baseado no Código Penal Francês Napoleônico, que moldou o desenvolvimento de leis por todo o Oriente Médio e norte da África.[27] Foram os franceses, portanto, que instituíram a leniência em casos de crimes de honra, além de também terem lhe atribuído o encantador apelido de *crime passionelle*. As reformas jordanianas de março de 2017 também acabaram com o argumento do "acesso de fúria" nas defesas — comparável com o argumento do "calor da paixão" admitido em defesas de homicídios culposos em diversas jurisdições nos Estados Unidos —, que mitigava as punições em casos de crimes de honra. (Os juízes ainda têm autorização para considerar o apelo de familiares das vítimas por sentenças reduzidas para os assassinos, que em geral pertencem à mesma família.) A ironia do que foi feito na Jordânia, um país que a Human Rights Watch considera ter altos índices de crimes de honra, é que ainda há dispositivos semelhantes nos livros de leis dos Estados Unidos. Em muitas jurisdições norte-americanas, acusados de assassinato podem invocar o argumento do "calor da paixão" em sua defesa, cuja validade é julgada por critérios semelhantes aos da lei jordaniana e, se for aceito, significa pena mais leve.

    O argumento do calor da paixão demanda investigação para saber se o réu foi tão "confundido" ou "perturbado" a ponto de uma pessoa sensata, depois de ser suficientemente provocada, agir motivada pela paixão em vez da razão: o exemplo mais comum é a descoberta repentina de um adultério conjugal. Algumas jurisdições aplicam o padrão do "distúrbio emocional grave", que diminui a acusação de homicídio doloso para homicídio culposo caso tenha havido um distúrbio emocional grave para o qual haja uma explicação razoável, como a descoberta da infidelidade por parte da mulher. Todas essas defesas ajudam a inocentar homens criminosos das violências contra as mulheres. Pesquisadores de Direito já destacaram que o fundamento da defesa por calor da paixão é semelhante à explicação dada por agressores que batem na própria esposa.[28]

Os ocidentais entendem os crimes de honra como uma endemia de culturas "estrangeiras" e uma prova de sua barbárie e, enquanto isso, continuam a permitir defesas com o argumento do calor da paixão para certos assassinos em seu próprio país. Violência contra a mulher em "outros" países é um retrato da religião, da cultura e da depravação específica daquelas pessoas, enquanto a mesma violência nos Estados Unidos é considerada uma aberração característica daquele indivíduo que comete o crime, e não um padrão endêmico nacional de misoginia e masculinidade tóxica. Mas reconhecer que o "crime de honra" é comparável aos crimes violentos perpetrados contra mulheres no mundo inteiro colocaria em dúvida uma das maiores bases do empreendimento imperialista. Exigiria um tipo de análise da violência dos homens brancos na qual o patriarcado branco não tem o menor interesse. Em vez disso, é melhor que o "crime de honra" seja um fenômeno exótico e incompreensível causado por ditames culturais misteriosos.

Assim como aconteceu com o sati hindu no século XIX, agora, no século XXI, os crimes de honra muçulmanos devem ser vistos como um mal incomparável aos olhos do Ocidente. No entanto, essa caracterização não apenas deprecia as feministas de cor como se fossem passivas e incapazes de largar seus homens excepcionalmente violentos, mas também presta um tremendo desserviço às mulheres brancas, ocultando a real extensão da violência de gênero e a anuência tácita de sistemas legais baseados no Direito Comum Britânico e no Código Napoleônico.

Alguns "crimes culturais" (crimes de honra, mutilação genital feminina, casamento infantil, entre outros) agora têm sido separados dos crimes "normais" e universais, deixando implícita uma ampla cumplicidade cultural em sociedades não brancas, porque as feministas de cor nativas falharam em erradicá-los. Espera-se que as mulheres brancas, as feministas superiores, assumam a dianteira, já que conseguiram transformar sua cultura de uma forma que essas outras mulheres não foram capazes. Mas, dado que a arquitetura moral do colonialismo se apoia no fato de considerarmos o nativo como moralmente inferior, é essencial questionar esses pressupostos. A própria ideia de crimes culturais específicos das populações nativas, e ainda carregados de um tom mais alto de desgosto moral, foi o que permitiu aos colonizadores pintar as populações locais como moralmente abjetas. Assim, a intervenção exploratória e coercitiva da colonização pode ser reformulada como uma presença civilizatória necessária e benevolente.

•

Assim como o sati e os crimes de honra, a prática de mutilação genital feminina promove aquela indignação moral na qual o Ocidente está do lado certo e qualquer pessoa que tente trazer ao debate as complexidades da questão é desacreditada e considerada uma defensora disfarçada daquela prática. Da mesma forma, não pode haver nuance na discussão — por exemplo, questionar se a prática de fazer um pequeno corte em rituais religiosos e culturais, não tão diferentes da circuncisão de meninos judeus, é o equivalente moral a uma clitorectomia completa. Da mesma forma, a epidemia de garotas privilegiadas norte-americanas cortando a si mesmas também não é vista como sintoma de uma cultura. E, embora a prática envolva uma porcentagem mínima de mulheres árabes e africanas, o presidente Trump e seus aliados a utilizaram para chamar de hipócritas as mulheres feministas que se opuseram ao banimento de muçulmanos, como Elizabeth Warren.

Em seu ensaio "Who Defines 'Mutilation'?" [Quem define 'mutilação'?], Courtney Smith desafia a "hegemonia do discurso feminista ocidental" em torno da mutilação genital feminina (MGF) e conduz uma análise sobre o que um grupo de mulheres senegalesas pensava sobre implante de seios *versus* o que um grupo de mulheres americanas pensava sobre MGF.[29] A comparação tem como objetivo mostrar o quanto as normas culturais influenciam nosso julgamento a respeito de diversas práticas (e *não* o de criar equivalência entre uma prática nociva feita em menores de idade *versus* uma normalmente escolhida por mulheres adultas). Como Smith descreve, ambos os grupos ficaram um tanto perplexos com as escolhas do outro: as entrevistadas norte-americanas considerando a MGF uma "castração de mulheres" e um esforço para "reprimi-las", e as mulheres senegalesas dizendo, sobre o implante, que "nenhum homem ia querer que sua mulher fizesse isso". Mas também houve mulheres em ambos os grupos que conseguiram ver a perspectiva do outro. Uma das entrevistadas norte-americanas observou: "Pensando bem, cirurgia plástica é um tanto parecido com mutilação genital. Assim, você está cortando seu corpo para se adequar a um padrão, para definir quem você é por meio de atributos físicos. Muitas mulheres mais velhas aplicam botox — elas querem se manter atraentes, bonitas e jovens. Quem disse que é assim que se faz isso?"[30] Ao mesmo tempo, uma mulher mandinka entrevistada em Touba, no Senegal, disse: "No Senegal, a excisão é parecida com o implante de seios porque algo é modificado ou retirado da mulher em ambos os casos." Mais interessante ainda é a declaração de uma funcionária de desenvolvimento que trabalha divulgando informação sobre as consequências adversas da MGF para a saúde, que disse: "Se existem consequências para a saúde, existem consequências para a saúde. Não há consequências ocidentais e consequências africanas, e não há mulheres norte-americanas e mulheres africanas. Existem apenas mulheres cujos corpos estão sendo transformados." Outras pesquisadoras, como a antropóloga Saida Hodzic, destacaram como o empenho do Ocidente em forjar assuntos africanos "modernos" costuma estar por trás do discurso sobre MGF, uma promessa de que a eliminação da MGF vai transformar países africanos como Gana (onde Hodzic conduziu sua pesquisa) em lugares totalmente modernos. Uma das discussões de Hodzic com a representante de uma ONG de direitos reprodutivos em Gana ilustra bem os mal-entendidos que definem o ímpeto ocidental a esse respeito. Essa ONG, em particular, era responsável por promover um treinamento de "sensibilização" sobre MGF. Uma das perguntas incluídas no treinamento era "Por que chamar de mutilação genital feminina?", e a resposta era: "A Organização Mundial da Saúde tem uma definição e precisamos usá-la."[31]

Forçar esse tipo de treinamento de "sensibilização", diz Hodzic, exige que essas ONGs se dessensibilizem para as necessidades e os pontos de vista reais de comunidades rurais, podendo assim empurrar goela abaixo um paradigma e um binarismo moral que não se baseiam na realidade dessas comunidades. Quando ela conheceu Olivia, funcionária da ONG, membro da Associação pelo Bem-Estar das Mulheres de Gana, que trabalha diretamente com as populações rurais, e lhe perguntou qual era o maior problema que as mulheres enfrentavam nas partes rurais e mais pobres de Gana, Olivia logo respondeu: "Problemas econômicos." No entanto, mulheres como Olivia têm poucas opções, já que doadores preferem custear workshops educacionais em vez de redistribuir os recursos materiais. Uma das ONGs, Ajuda Rural Integrada, decidiu seguir uma abordagem "holística" e encomendou um moedor de painço para ser usado pelas mulheres da área rural — uma decisão questionada pelo Fundo de População das Nações Unidas, que alegou não haver qualquer relação entre saúde reprodutiva e aquele equipamento. De acordo com Hodzic, "se as mulheres da área rural tivessem sido incluídas na conversa, elas discordariam com veemência". Os equipamentos reduziram muito as horas que as mulheres passavam moendo o painço manualmente, permitindo assim que descansassem e renovassem as energias e garantindo bons resultados para sua saúde.[32]

Como descreve Courtney Smith no fim de seu estudo paralelo com mulheres norte-americanas e senegalesas confrontando suas opiniões sobre MGF e implantes de silicone nos seios, é crucial criar diálogos entre culturas. Ela defende "a possibilidade de que, ao encontrar com outras sociedades humanas, vamos aprender a reconhecer coisas a nosso respeito que não tínhamos visto antes".[33] O diálogo acontece quando ambos os lados da conversa sentem que estão, ao menos até certo ponto, em patamares *iguais*. O velho e duradouro modelo do branco como salvador, e a crença de que os brancos ocidentais são responsáveis por eliminar práticas como a MGF tornam praticamente impossível estabelecer esse tipo de diálogo.

Um exemplo de como essa estrutura racista impede a comunicação e um progresso mais significativo pode ser visto no estudo de Sara Johnsdotter sobre casos de mutilação genital compulsória em meninas sueco-africanas.[34] A Suécia foi o primeiro país do mundo a criminalizar a MGF, em 1982, e desde então se manteve bastante interessada em reprimir os pais suspeitos de continuar com a prática, embora o número de casos na Europa como um todo e na Suécia (e nos países da maioria dos suspeitos) seja bastante baixo.

De acordo com uma lei aprovada na Suécia em 1997, uma garota ou criança pode ser objeto de exame genital sem o conhecimento e a permissão de seu guardião legal caso haja a suspeita de que tenha sofrido MGF. Analisando as fichas policiais de 122 casos de MGF, Johnsdotter encontrou uma série de exemplos de apurações incorretas. Em um dos casos, uma professora notou que uma aluna de seis anos andava calada e reservada depois de uma viagem para a Somália. Ela imediatamente denunciou a suspeita de MGF às autoridades. Os pais, com medo de serem processados, concordaram com o exame. Dois ginecologistas examinaram a menina e descobriram que seus pequenos lábios não estavam lá. O promotor estava prestes a abrir o processo, mas, quando a menina foi examinada novamente por um pediatra, o médico disse que os lábios da menina estavam intactos. O promotor estava tão exasperado que acusou os pais de terem levado uma garota diferente para o exame.

Em outro caso, conta Johnsdotter, um pai quase foi preso porque a filha sofrera um acidente de carro no qual sua genitália foi visivelmente danificada, e as cirurgias posteriores fizeram uma das enfermeiras suspeitar de MGF. O racismo e a xenofobia desses exames compulsórios e a incapacidade racista dos médicos suecos de diferenciar uma criança somali da outra — tudo isso é simplesmente aceito.

Um estudo de 2018 sobre a MGF na África mostra que o número de meninas/jovens mulheres que passaram pelo procedimento caiu de 71% para 8% nos últimos vinte anos, graças principalmente ao trabalho feito por mulheres africanas nativas.[35] Países como a Suécia, os Estados Unidos e o Reino Unido, no entanto, continuam usando a prática como forma de estereotipar imigrantes que circulam pela África.

Em 2016, a Polícia de Imigração e Alfândega (ICE, na sigla em inglês), em parceria com o governo do Reino Unido, deu início à "Operação Limelight", com objetivo de reprimir a MGF nos aeroportos norte-americanos e britânicos. Desenvolvida pelo "Centro de Violação de Direitos Humanos e Crimes de Guerra" do Departamento de Segurança Interna, a Operação Limelight buscava "promover a conscientização sobre a MGF e impedir sua prática ao educar o público sobre os riscos e as punições associadas a ela".[36] Convenientemente, os dados usados pelo ICE eram baseados em estudos antigos e procedimentos metodológicos duvidosos.[37] As estatísticas usadas como referência nas divulgações da Operação Limelight para a imprensa eram todas de um documento intitulado "Female Genital Mutilation/Cutting in the United States: Updated Estimates of Women and Girls at Risk, 2012" [Mutilação Genital Feminina nos Estados Unidos: Estimativas Atualizadas de Mulheres e Meninas em Risco, 2012].[38] O documento pega o número de imigrantes mulheres de vários países africanos e do Oriente Médio e multiplica pelos índices de MGF predominantes em cada um desses países para concluir que o risco de MGF nos Estados Unidos tinha triplicado desde 1990, com mais de meio milhão de meninas e mulheres em risco.

A Operação Limelight estabelece uma necessidade falsa de exames invasivos em imigrantes africanas. De acordo com o texto de divulgação do ICE para a imprensa, os agentes que receberam o treinamento sobre a MGF ficam em grandes aeroportos, em que selecionam pessoas de países de "alto risco" e entregam a elas "panfletos informativos" sobre MGF, com a intenção de dissuadi-las de seguir com as "férias de mutilação" (levar meninas para fazer o procedimento em países onde isso é legal). Em outro texto de divulgação, o *modus operandi* fica mais evidente: "Os agentes abordaram aproximadamente setecentas pessoas no aeroporto internacional com destino a Dubai, Adis Abeba, na Etiópia, Cairo e San Salvador. Cerca de 40% dos passageiros estavam viajando com crianças. A equipe de comissários e os funcionários das companhias aéreas nas áreas internacionais também receberam materiais para uma abordagem adicional."[39] Essas interações podem parecer inócuas para quem não é imigrante, mas costumam ser experiências tensas de impotência para imigrantes que não têm outra opção a não ser responder às perguntas dos agentes do ICE, sem saber se serão submetidos a exames físicos, ou se aquilo terá consequências imigratórias.[40] Compreender o terror dessas interações exige que as mulheres brancas ultrapassem seu privilégio e aprendam a ter empatia com mulheres que não têm o poder de dizer não a esse tipo de intromissão.

Há poucos detalhes sobre que tipo de pergunta é feita a essas pessoas ou sobre o temor de meninas e mulheres de precisarem se submeter a um exame genital feito pelos agentes do ICE. No entanto, o ICE parece bastante orgulhoso pela vitória no "Prêmio de Policiamento de Classe Mundial"; uma foto do evento, tirada em Londres, mostra quatro pessoas brancas radiantes segurando o prêmio que ganharam por sua suposta preocupação com a saúde de mulheres e meninas africanas.[41] Enquanto isso, é desnecessário dizer, as comunidades afetadas não foram consultadas ou envolvidas na escolha de que programas seriam mais eficientes em provocar a tão desejada mudança.

O fato de que esses programas não são criados nem conduzidos pela comunidade significa que o nível de intromissão considerado aceitável no combate à MGF nunca passa pelo consenso da comunidade, muito menos por seu consentimento. Qualquer pessoa que seja muçulmana, negra, marrom ou somali e que critique esse tipo de comportamento violento dos agentes da ICE para supostamente "proteger" a genitália de garotas negras e marrons é logo considerada uma defensora disfarçada da prática. Já que a cultura que permite a MGF é, por si só, considerada má, e os membros da comunidade são automaticamente complacentes a não ser que insistam no contrário, apenas os agentes da ICE, em um Estado cada vez mais nacionalista branco, estão aptos a fazer esse trabalho. É importante perceber que não há qualquer dimensão de saúde pública nessa intervenção. Se houvesse de fato uma preocupação com meninas menores de idade sendo forçadas a esse tipo de procedimento, a agência apropriada para cuidar da questão seria o Departamento de Saúde e Serviços Humanos e não a Polícia de Imigração e Alfândega. Desse modo, a possibilidade do procedimento se torna a base para uma definição de perfil racial e a demonização de imigrantes de certos países.

Não há nenhuma evidência nítida sobre o que exatamente o ICE fazia com os suspeitos de MGF, mas há casos de supostas histerectomias forçadas feitas em mulheres migrantes detidas. Exercendo seu domínio sobre corpos de pele negra e marrom para infligir medo em mulheres migrantes e requerentes de asilo, o governo Trump utilizou uma versão contemporânea dos exames genitais forçados realizados pelos administradores britânicos nas colônias indianas.

Oficialmente, o ICE tem autorização apenas para fazer testes de DSTs nos detidos. No fim do verão de 2020, um delator do Centro Correcional de Irwin, em Ocilla, na Geórgia, registrou uma queixa no Departamento de Segurança Interna, no ICE, e com o administrador do Centro de Detenção do Condado de Irwin (ICDC, na sigla em inglês), sobre a quantidade incomum de histerectomias sendo realizadas nas detidas. Ao que parece, os procedimentos eram executados fora das instalações, no Hospital do Condado de Irwin, em mulheres imigrantes, muitas das quais não sabiam falar inglês e não haviam autorizado as cirurgias com o consentimento adequado; em vez disso, eram tratadas como se o consentimento não fosse necessário. Quando acordavam, muitas ficavam confusas sobre o que tinha sido feito a elas. E não era fácil compreender.

Em 21 de outubro de 2020, um conselho independente de médicos incumbido de avaliar as acusações encontrou um "padrão perturbador" no qual as mulheres estavam sendo pressionadas a fazer cirurgias ginecológicas.[42] Eles disseram que era possível que o ICDC fosse complacente com o que estava acontecendo, encaminhando mulheres para ginecologistas mesmo quando elas não tinham qualquer reclamação ginecológica. A equipe exigia que as mulheres que se recusavam a fazer a cirurgia ou os exames passassem por uma avaliação psiquiátrica. Ao analisar os prontuários médicos das detidas, o conselho de médicos sentiu falta de uma documentação adequada de suas histórias, seu nível de conforto com os exames ginecológicos e, principalmente, da necessidade da cirurgia. Eles escreveram: "A cirurgia era agressiva demais, e não havia qualquer necessidade médica aparente."

De sua parte, o ICE deportou as mulheres que registraram queixa numa tentativa de deslegitimar suas reivindicações. Afinal, se elas não tivessem chance de dar entrevistas nem de participar do processo legal, o ICE poderia acobertar tudo. De acordo com um professor de Direito de Columbia que trabalhou na questão, a velocidade das deportações aumentou após a derrota do presidente Trump na eleição de 2020, e o ICE está efetivamente destruindo provas para que seus procedimentos ilegais não sejam questionados.[43]

Vale a pena lembrar que histerectomias forçadas têm um precedente bastante recente, nos anos 1970, quando mulheres latinas em Los Angeles eram esterilizadas à força, pois eram consideradas culpadas pelo aumento da população.[44] Assim como as mulheres indianas que eram todas rotuladas como prostitutas ou as mulheres namibianas submetidas a exames genitais pelas autoridades na colonização britânica, as mulheres imigrantes eram vistas pelos agentes da ICE e pela equipe de detenção como menos humanas. Os velhos padrões de dominação não desaparecem com o tempo.

A história sobre as histerectomias forçadas no Centro de Detenção do Condado de Irwin foi divulgada na semana anterior à morte da juíza Ruth Bader Ginsburg, em 18 de setembro de 2020. Enquanto a morte da juíza levantava o debate sobre o futuro dos direitos reprodutivos das mulheres norte-americanas entre as feministas brancas, quase ninguém relacionou o ativismo pelos direitos reprodutivos às histerectomias forçadas supostamente realizadas a mando do Estado norte-americano em mulheres que estavam detidas e eram provenientes de minorias. Em meio a toda a discussão sobre liberdade para os corpos, o uso do poder do Estado para impedir mulheres de cor de se reproduzirem tinha ficado esquecido.

O "ativismo feminista" das mulheres brancas a respeito dos crimes "culturais", como o crime de honra e a MGF, na verdade, adiciona mais uma ferida às muitas já causadas pelos próprios crimes ao retirar das sobreviventes seu direito de agir. Além de sofrer a crueldade e a depravação do crime, as mulheres locais são desvalorizadas e silenciadas pelas "salvadoras" estrangeiras, que as veem como vítimas incapazes de se defender. Nos contextos de ajuda humanitária, as feministas de cor precisam seguir o caminho de programas e projetos comandados por mulheres brancas se quiserem ter acesso aos recursos que lhes permitirão trabalhar na questão. Ao mesmo tempo, outras pessoas em suas comunidades podem considerá-las submissas às feministas brancas e, portanto, anticultura e antitradição por causa do foco exclusivo nos crimes.

Nos abrigos para vítimas de violência doméstica, primeiro como residente e, sete anos depois, trabalhando como promotora em outro abrigo na mesma região, não pude deixar de perceber que não existe agressor branco, agressor marrom ou agressor negro;

é tudo agressão. Os mesmos métodos desprezíveis de misoginia, sensação de direito adquirido e dominação apareciam repetidamente na linguagem dos agressores e em seu comportamento. Mulheres que ousavam se opor ao parceiro, ou qualquer outro membro violento da família, temiam por suas vidas, assim como eu. Estavam preocupadas com a custódia dos filhos, o futuro depois do abrigo, as questões econômicas e logísticas para sobreviver enquanto sempre precisavam tomar cuidado.

A retórica a respeito de crimes violentos, assim como a esfera do desenvolvimento internacional, da guerra e da liberdade sexual, celebra as mulheres brancas como pessoas que conseguiram ir além em sua batalha pela igualdade em comparação com as feministas de cor. Essa relação hierárquica com as mulheres de cor atende aos interesses dos homens brancos, cuja violência é vista de forma qualitativamente diferente e superior à violência das pessoas de cor. Enquanto isso, as mulheres brancas que se imaginam muito sortudas por não precisar temer crimes de honra e MGF acreditam que os crimes cometidos contra seus corpos não são um problema cultural e social, como acontece com os corpos negros e marrons. Dessa forma, divididas, as feministas brancas e não brancas são muito menos propensas a criar problemas em casa ou agir coletivamente contra o patriarcado em nível global.

A esperança de mudança precisa vir do abandono dessas hierarquias. Precisa vir da construção de organizações coletivas que consigam resistir à tentação de pensar as mulheres vulneráveis e traumatizadas como evidências do esclarecimento superior, empoderamento e status internacional das feministas brancas. Só então as feministas poderão tentar criar espaços de diálogo nos quais floresça a solidariedade. Só então será possível para as mulheres trabalhar umas com as outras, distinguir o que é universal nas questões que enfrentam e perceber as possibilidades de cooperação.

CAPÍTULO SETE

"Eu construí um templo feminista branco"

Em 1979, a poeta, feminista e ativista dos direitos civis Audre Lorde deu uma palestra na Conferência do Instituto de Humanidades da Universidade de Nova York. Em sua fala, intitulada "As ferramentas do senhor nunca derrubarão a casa-grande", Lorde perguntou: se a teoria feminista branca norte-americana não precisa lidar com a diferença entre nós e a diferença resultante de nossas opressões, então como se lida com o fato de que as mulheres que limpam suas casas e cuidam de suas crianças enquanto vocês vão a conferências sobre teoria feminista são, na maior parte, mulheres pobres e de cor?[1]

O culto ao individualismo e a forma resultante de feminismo que se tornou notória por mulheres como Sheryl Sandberg, executiva do Facebook, em seu livro *Faça acontecer,* e, por extensão, Gloria Steinem antes dela, encorajam toda mulher que alcança o poder a acreditar que chegou lá sozinha e sem nenhum custo. A sugestão de que o privilégio racial pode ter desempenhado algum papel em sua ascensão, que homens brancos estão mais dispostos a ceder o poder para mulheres brancas, é uma ameaça intolerável para essa mitologia da supermulher que se constrói com esforço próprio. Como elas próprias se beneficiam financeiramente, as feministas brancas, em suas próprias vidas e carreiras, conseguiram ignorar a realidade do que agora chamamos de interseccionalidade.

Em 1989, Kimberlé Crenshaw, na época professora de Direito na Universidade de Columbia, escreveu uma crítica revolucionária sobre três decisões judiciais de casos sobre o Título VII (antidiscriminação), nos quais demonstrou que, dentro da estrutura legal existente, as mulheres negras poderiam se proteger da discriminação na medida em que suas reivindicações alcançassem um alinhamento com homens negros ou mulheres brancas.[2]

Em *Moore contra Hughes Helicopter*, a questão se resumiu a se uma mulher negra podia sustentar que representava todas as mulheres da mesma forma que as mulheres brancas faziam ao alegarem discriminação sob o Título VII.[3] Moore, a requerente, defendia que sua empregadora praticava discriminação de raça e sexo ao não promover funcionárias mulheres e negras a cargos de gerência. No julgamento, os advogados dela apresentaram evidências estatísticas que mostravam que havia uma significativa disparidade entre homens e mulheres promovidos, e entre homens negros e brancos. Moore queria que a corte declarasse "mulheres negras" como uma classe para que ela pudesse, então, seguir com um caso de discriminação em nome delas. A corte se recusou a fazer isso e o caso foi à Corte de Apelações do Nono Tribunal, que manteve a decisão porque Moore tinha requerido uma certificação de classe em nome de "mulheres negras". Assim, "havia sérias dúvidas sobre sua habilidade de representar adequadamente as funcionárias mulheres brancas". Em outras palavras, as mulheres brancas podiam representar a discriminação contra *todas* as mulheres, mas mulheres negras, não. Isso acontecia porque, quando mulheres brancas alegavam discriminação de gênero, era apenas uma reivindicação sobre gênero, diferentemente de quando as mulheres negras representavam todas as mulheres.[4]

Em sua análise, Crenshaw apontou que mulheres negras como as requerentes estavam localizadas em uma intersecção tanto de discriminação racial quanto de gênero. Limitá-las à consideração legal dentro de apenas uma dessas categorias negava às requerentes a mesma justiça oferecida a indivíduos que ocupavam apenas uma classe entre aquelas protegidas, por não buscar fazer qualquer tentativa de compreender as particularidades da situação delas. Crenshaw escreveu que nenhuma justiça podia ser feita para mulheres negras ou qualquer mulher de cor caso não fossem considerados tanto raça quanto gênero na análise. Ela chamou essa ideia de "interseccionalidade" e explicou que "a experiência interseccional é maior do que a soma de racismo e sexismo, qualquer análise que não leva isso em consideração não pode dar atenção suficiente ao modo particular com o qual as mulheres negras são subordinadas".[5]

A análise de Crenshaw não apenas repreende a teoria jurídica quando expõe os limites conceituais de análises que focam um único ponto; mas também enfatiza a necessidade de transformar os sistemas de poder existentes em cada nível da sociedade. Ela narra a experiência da feminista negra e ativista Sojourner Truth, que falou em uma conferência pelos direitos das mulheres em Akron, Ohio, e fez a famosa pergunta "E eu não sou uma mulher?". Muitas mulheres brancas presentes queriam que Sojourner fosse silenciada, porque ela tiraria o foco da causa sufragista e o levaria para a emancipação da escravidão. O objetivo de Crenshaw era ressaltar como "a dificuldade que as mulheres brancas têm de sacrificar o privilégio racial em prol do fortalecimento do feminismo as deixa suscetíveis à pergunta crítica de Truth. Quando a teoria e as políticas feministas afirmam refletir as experiências das mulheres ou conversar com mulheres negras, as mulheres negras devem perguntar 'Não somos mulheres?'"

Acrescentar mulheres negras como apêndices de sistemas que por muito tempo as têm excluído e chamar de "diversidade" não é a resposta. Aprofundando o trabalho de feministas negras anteriores, como Audre Lorde, o foco de Crenshaw é em como mulheres pertencentes a minorias sofrem nas mãos de um sistema que não foi feito para acomodá-las ou que não tem nenhuma capacidade de completá--las. "Esses problemas de exclusões não podem ser resolvidos simplesmente ao incluir mulheres negras em uma estrutura com processos já estabelecidos", escreve Crenshaw, recusando-se a acreditar que o mero reconhecimento da identidade seja o resultado que a sociedade e o Estado podem oferecer em resposta à discriminação.

Nos trinta anos desde que seu artigo de referência foi publicado, a conceitualização de Crenshaw sobre a desigualdade e o racismo estrutural tornou-se parte integrante da compreensão das experiências de mulheres de cor em um mundo dominado por brancos. Em um artigo de 2005, focando na complexidade da interseccionalidade, a teórica feminista Leslie McCall declarou que essa foi "a maior contribuição teórica aos Estudos das Mulheres em conjunto com áreas relacionadas feita até então".[6]

A teórica feminista Christine Bose expandiu ainda mais a teoria ao notar sua relevância para as feministas fora dos Estados Unidos, enfatizando que "estudiosas norte-americanas não deveriam se surpreender que uma abordagem interseccional seja útil para estudiosas europeias, asiáticas ou africanas que pesquisam as desigualdades em nações com diversas populações nativas ou classes estruturais polarizadas ou com o aumento do número de imigrantes e trabalhadores contratados de outros países".[7] O autor e estudioso Momin Rahman aplicou a interseccionalidade de ser queer em sua dissertação "Queer as Intersectionality: Theorizing Queer Muslim Identities" [Queer como interseccionalidade: teorizando as identidades queer mulçumanas].[8] Outros estão focando em compreender a interseccionalidade como um método de pesquisa ou como a base de iniciativas políticas sobre inclusão de gênero.

Ainda assim, mesmo quando mulheres negras aplicam a interseccionalidade para compreender suas experiências com a discriminação, mulheres brancas devem analisar o outro lado da moeda: a experiência delas com o privilégio. A discussão da intersecção da branquitude e da vivência de mulheres segue como tabu, em especial quando esbarra na cumplicidade desempenhada pelas mulheres brancas comuns que têm se beneficiado do privilégio branco ao se apoiarem em um sistema racista. Isso é particularmente verdade na elite, nos círculos profissionais em que é mais provável que mulheres brancas do Ocidente se identifiquem como feministas, mas o conforto em suas bolhas de privilégios é tanto que elas não conseguem dar um salto de compaixão para considerar que a discriminação que não enxergam é real e tem efeitos negativos na vida de outras que não desfrutam do privilégio branco.

Parte do problema, como nos mostra Crenshaw, é que "a voz autoritária universal, em geral a subjetividade do homem branco mascarada como uma subjetividade sem raça e sem gênero, é apenas transferida para aquela que, apesar do gênero, compartilha muitas das características culturais, econômicas e sociais".[9] Em outras palavras, as mulheres brancas assumem as vozes dos homens brancos e isso é considerado progresso. Instituições que antes eram lideradas por homens e agora são lideradas por mulheres continuam a praticar os mesmos tipos de exclusões, zombarias e apagamentos. Ainda assim, todos se parabenizam por terem conseguido uma vitória para o feminismo, para todas as mulheres. As descrições de Crenshaw na teoria se alinham com minhas próprias experiências na prática. As mulheres com quem trabalhei quando estava no conselho da Anistia Internacional dos Estados Unidos estavam familiarizadas com a teoria feminista e com o modo pelo qual um sistema dominado por homens encoraja mulheres brancas a recriar os mesmos exercícios de silenciamento e dominação que elas mesmas vivem. Mesmo assim, ainda é muito tentador para as mulheres brancas interpretarem sua ascensão como uma questão de puro mérito e sua própria busca por paridade como a prioridade mais urgente do movimento feminista. É fácil demais não se preocupar com a dominação, o silenciamento e a opressão quando elas estão perpetuando isso naqueles que quase não são vistos. É muito natural replicar esses pecados impensáveis e convenientes quando se caminha na direção do teto de vidro com os dentes cerrados. A visão individualista do capitalismo recente sobre o sucesso é uma parte bem grande do sonho americano de ter um crescimento pessoal por meio do trabalho duro, o que promove a ilusão de que o sistema é justo e recompensa o esforço de forma linear e consistente. Na realidade, tudo isso é uma manobra para conduzir a produtividade de maneira que homens brancos no topo da pirâmide continuem se tornando mais ricos.

Como consequência, as feministas brancas têm ignorado a interseccionalidade como algo que concerne suas próprias vidas, carreiras e escolhas. Muitas feministas brancas ficam magoadas com a acusação de que mulheres brancas têm mantido e endossado grande parte das injustiças raciais que eram operadas nos tempos em que os homens dominavam a sociedade. A maioria, incluindo a presidente do conselho do qual fiz parte na Anistia Internacional, apoiaria veemente e apaixonadamente o feminismo interseccional como um conceito. Mas, na prática, a ambição, a autopreservação ou a necessidade de se agarrar a uma ideologia de sucesso meritocrática parece entrar em cena. Não existe ceder espaço, voz ou poder: as feministas de cor que querem servir nesse sistema devem servir às feministas brancas e elogiar a ascensão delas apesar da situação das mulheres de cor.

Entender os argumentos de Crenshaw tem me dado força e propósito. Ainda assim, durante meus anos como advogada, ativista e autora, tive que me perguntar se devia ou não continuar a participar de uma estrutura branca que prescreve um papel limitado e tokenizado para mulheres não brancas. Como muitas outras feministas não brancas, me perguntei se essas estruturas existentes podem ser destruídas e refeitas de seu interior ou se devem ser abandonadas por completo.

À medida que desconstruímos vários aspectos do movimento feminista e expomos o papel da branquitude como hegemonia, regulando força dentro do feminismo, a pergunta permanece sem resposta: as feministas de cor deveriam construir feminismos próprios e se esquecer da solidariedade entre raças ou deveriam persistir em estruturas lideradas e ajustadas conforme as necessidades de mulheres brancas?

"Eu construí um templo feminista branco e agora o estou demolindo", escreveu a feminista negra Layla Saad em uma publicação de 2008 que viralizou em um blog. Na publicação, Saad contou sobre sua experiência de construir um negócio como coach de vida chamado "Indomável Mulher Mística". Saad usava apenas a imagem de mulheres negras em sua marca, e ela, uma mulher negra, estava, por fim, no comando das coisas. Ainda assim, a verdade, confessou Saad, era que ela atendia principalmente mulheres brancas, não de maneira intencional, mas por padrão. "O padrão não intencional na maioria dos negócios on-line (independentemente de quem está no comando) é que a branquitude está no centro. Imagens de brancos, clientes brancos, perspectivas brancas e narrativas brancas de sucesso dominam com poder e espiritualidade essa indústria. Isso acontece porque a indústria reflete a ideologia da supremacia branca em que o branco é visto como 'universal' e aplicado a todos, e o não branco é visto como o 'outro' e aplicado apenas aos que não são brancos."[10] A confissão de Saad foi um comprometimento a melhorar, a "demolir o templo feminista branco" no qual seus esforços se transformaram. Isso significa que, mesmo com um comprometimento com a justiça racial e de gênero, na maioria das vezes é mais fácil habitar os sistemas nos quais nos encontramos do que os desmantelar por suas desigualdades.

Muitas mulheres brancas fingem muito bem ter consciência das injustiças, perguntando de maneira atenciosa a pronúncia correta do seu nome na frente dos outros e postando quadrados pretos nas contas das redes sociais naquele dia em que o ativismo antirracista ficou brevemente na moda. E, mais ainda, no hábito de se apropriarem da cultura de pessoas de pele negra ou marrom, asiáticas e de cor para elevar suas próprias credenciais cosmopolitas: feeds do Instagram inundados de frango na manteiga e *lattes* com cúrcuma, apimentando seus discursos com "bae", "twerk", "fuckboy" e "basic" — todas palavras apropriadas de gírias de pessoas negras norte-americanas. Mas há uma crença de que o inverso é verdadeiro. Mulheres negras e de cor também engajam ao adaptar os padrões brancos a sua própria vida, assim, são cooptadas para perpetuar suas próprias opressões. Algumas vezes, assimilam essas crenças por serem constantemente bombardeadas por elas pela força cultural, enquanto em outros tempos se opunham, mas não se sentiam seguras para se posicionar.

Para mulheres brancas, trata-se de ornar seu status. Para mulheres de cor, é uma questão de sobrevivência e não uma escolha. A branquitude confere o poder de conceder sucesso profissional e pessoal, e no geral tornar a vida melhor do que poderia ser sem isso. Muitas feministas de cor se posicionaram contra o feminismo centrado na branquitude, mas muitas outras se encontram em circunstâncias pessoais, profissionais e econômicas muito precárias para arriscar; sem nenhuma oportunidade de confrontar a estrutura monolítica da supremacia branca ou confrontar mulheres brancas que ficam na defensiva, mais interessadas em se sentirem bem sobre si mesmas do que em construir um debate feminista mais igualitário.

Por exemplo, uma amiga próxima, que é uma mulher de cor, conseguiu um emprego em uma start-up chique focada em desenvolver um clube de mulheres moldado sobretudo para mulheres de classe média e alta e brancas. Minha amiga tem um nome comprido e nitidamente indiano, então a CEO da empresa, uma mulher branca, começou a chamá-la por uma versão encurtada que ela mesma inventou (a CEO). Minha amiga reclamou sobre isso para mim, então fiquei chocada quando, em uma palestra organizada pela empresa, a mesma CEO subiu ao palco e apresentou minha amiga pelo apelido e não pelo seu nome de verdade. Por isso, quando minha amiga subiu ao palco, ela também usou o apelido para se referir a si mesma. Sem saber como corrigir sua chefe sem arriscar seu emprego, ela simplesmente abriu mão do próprio nome.

Conheço exemplos em que professoras brancas de faculdades dos Estados Unidos ensinaram a partir de livros que repreendem o islamismo e demonizam o véu, mesmo quando havia alunas que o usavam na sala de aula. Muitas dessas alunas falaram sobre isso com outras autoridades da universidade, mas a professora tinha direito de estabilidade no cargo, então, no fim, nada foi feito. Esse tipo de interação não só ignora a tremenda diferença de poder entre professor e aluno, como também ignora a forma que as dinâmicas de poder da branquitude dentro da academia trabalham para continuar deslegitimando narrativas de comunidades negras e marrons. A professora "feminista salvadora branca" é, nesse sentido, a principal culpada por empurrar narrativas centradas no Ocidente, sem abordar o direito que mulheres brancas e ocidentais acreditam ter de julgar o resto das mulheres do mundo. Reconhecer essas dinâmicas de poder significa que as feministas brancas, acostumadas ao privilégio, experimentam um desfavorecimento de suas perspectivas, mas ser uma aliada significativa requer exatamente isso.

É difícil não enxergar o mundo como ele é hoje como um mundo que vai ser desse jeito para sempre — e logo que se começa a acreditar nisso, posicionar-se contra milhares de microagressões ou tantas outras maiores se torna um ato de burrice sem sentido e autossabotagem. É melhor ser uma boa criada negra, marrom ou asiática do feminismo convencional, garantindo às mulheres brancas que elas estão fazendo tudo certo, que as reclamações são produto de hipersensibilidade, incompreensão ou inveja — qualquer coisa, menos o poder dominante da branquitude dentro do próprio feminismo.

Alguns anos atrás, fui convidada para um almoço na Assembleia Geral da Convenção das Mulheres de Indiana. Quando cheguei, a anfitriã pediu que eu falasse para as mulheres reunidas sobre as questões encaradas pelas mulheres no sul da Ásia, e também sobre os crimes de honra. Colocada na berlinda daquela forma, não pude dizer não.

As perguntas fervorosas e as interrupções do meu público deixaram bem evidente que elas estavam mais interessadas em ouvir sobre os crimes de honra. Falei com honestidade e franqueza sobre os detalhes brutais desse tipo de morte. Enquanto tentava enfatizar a complexidade da questão, não havia tido tempo de me preparar. Então não consegui abordar as modo em que o crime de honra funciona de modo equivalente à violência doméstica, ou lhes dizer que "honra" é um eufemismo para o ego masculino, que é visto como um ato individual nos Estados Unidos e em nome do coletivo no Paquistão. Contei a história binária de bem e mal que elas esperavam.

Na época, não percebi o propósito do evento. Descobri mais tarde que a anfitriã, uma feminista liberal extremamente bem-intencionada, tinha me convidado para palestrar porque queria que a convenção, um grupo heterogêneo de mulheres republicanas e democratas, tivesse algo em que pudessem concordar. Esse algo, decidiu ela, era um estremecer coletivo e um suspiro pela situação horrível das mulheres estrangeiras que não tinham os mesmos direitos e privilégios. Foi a questão bipartidária que permitiu que feministas brancas de diferentes correntes políticas conversassem entre si.

Em retrospecto, tornei uma situação ruim ainda pior com a minha cooperação. Não soube como separar os fatos sobre os crimes de honra dos moldes da superioridade do feminismo branco que elas invocaram e corroborei ativamente os estereótipos das mulheres brancas sobre mulheres de cor e muçulmanas. As feministas brancas tinham cedido espaço, permitido que eu falasse, mas apenas sob a condição de que denunciasse a cultura na qual nasci e confirmasse, pelo menos de modo indireto, a supremacia das mulheres brancas norte-americanas, da civilização ocidental. Era uma vitória para o feminismo branco, e eu possibilitei isso.

Não é que os crimes de padrões culturais não sejam crimes. Mas existe um problema em conectar prontamente uma dimensão cultural à violência doméstica que acontece nas comunidades negras e marrons para indicar que é, de alguma forma, diferente ou mais brutal. Tais conexões demandam que feministas de cor denunciem suas comunidades raciais e culturais se quiserem participar do discurso feminista.

Quando os ocidentais focam em crimes específicos do Afeganistão ou de Gana, criam formas atrofiadas de resistência em que tudo que é o foco da atenção do Ocidente pela "reforma moral" é de repente a expressão mais autêntica da cultura. As feministas nessas comunidades são marcadas como agentes do Ocidente, e a oposição cultural nativa que teria castigado crimes de honra ou a MGF é destruída quando a luta se torna Todo o Resto do Mundo contra o

Ocidente. Isso, então, promove uma narrativa em que as culturas brancas e ocidentais são favoráveis às transformações feministas, enquanto as culturas negras e marrons, endemicamente bárbaras, permanecem sempre atrás delas. Se não há paridade entre as feministas no debate, a paridade de gênero como um todo se torna um objetivo inalcançável.

CAPÍTULO OITO
Da desconstrução à reconstrução

Em junho de 2020, enquanto eu estava escrevendo este livro, o *The Daily Beast* publicou um relato profundo sobre racismo dentro da Organização Nacional das Mulheres (NOW).[1] A NOW é a maior e mais antiga organização feminista dos Estados Unidos, com seiscentas filiais por todos os cinquenta estados.[2] É uma organização bastante branca: dezessete das 27 membras são brancas e dez de suas onze presidentas têm sido brancas.[3] Um dos estudos de caso foi sobre a eleição da diretora da organização em 2017, o que incluiu uma chapa apenas com mulheres de cor pela primeira vez na história da NOW. China Fortson-Washington, uma mulher afro-americana, concorreu ao cargo de presidenta, com Monica Weeks, uma jovem feminista hispânica, como vice-presidenta na mesma chapa. Mas, nas semanas de campanha, elas enfrentaram um público perceptivelmente mais hostil do que qualquer candidata anterior, ou até mesmo suas oponentes nas eleições daquele ano. Ao discursar na filial de Brevard, na Flórida, Weeks foi vaiada por dizer que, assim como as mulheres de cor, mais oprimidas, era preciso ouvir pessoas com deficiência e LGBTQIA+, de maneira que todos pudessem melhorar. Uma mulher branca a interrompeu, dizendo "mulheres brancas também" e "não se esqueça das mulheres brancas", enquanto outra gritou "apenas as mulheres com vaginas". Tais interrupções ou vaias não tinham acontecido quando mulheres brancas estavam falando.

Naquele mesmo mês, Fortson-Washington falou em público na convenção anual da NOW como parte da candidatura delas para presidenta e vice-presidenta. Antes de sequer discursarem no palco para a plateia, elas receberam comentários racistas de uma membra da NOW que pediu que "diminuíssem o espanhol um pouquinho". Outras descartaram Fortson-Washington por ser "brava" e Weeks por ser uma "latina esquentadinha".

Quando Fortson-Washington subiu ao palco, o racismo ficou ainda mais evidente. Assim que começou sua fala, a oponente branca, sentada no palco, pegou o laptop e começou a digitar. Foi um gesto extremamente rude e desdenhoso feito para diminuir não os argumentos de sua rival, mas o fato de que sua mera presença ali, a improbabilidade de ela sequer ter qualquer coisa de valor para dizer. Fortson-Washington não tinha feito nada parecido quando sua oponente estava falando. Na plateia, uma mulher falou alto para uma amiga: "Só porque ela é negra acha que seria uma boa líder?" Outra reclamou sobre "toda essa droga de Black Lives Matter". Quando chegou a hora das perguntas, questionaram a Fortson-Washington e Weeks o que as mulheres brancas deveriam fazer, se todo mundo estava focando nas mulheres negras.

Não foi apenas a NOW que teve problemas raciais. Em julho de 2020, a *Lily*, revista on-line de orientação feminista do *Washington Post*, publicou um relato focado em três grandes organizações feministas nos Estados Unidos: a Organização Nacional das Mulheres (a já citada NOW), a Associação Americana de Mulheres Universitárias (AAMU) e a Fundação Maioria Feminista (FMF). Em suas entrevistas com vinte funcionárias, as repórteres da *Lily* encontraram um cenário em que o racismo estava fora de controle. As funcionárias de cor disseram estar concentradas nos níveis inferiores da organização, com líderes brancas moldando as prioridades organizacionais que pareciam irrelevantes para mulheres que não eram brancas, heterossexuais, cisgêneras com educação de alto nível e de classe social média e alta. Muitas das empregadas de cor disseram aos entrevistadores que costumavam se sentir como "tokens", exibidas para mostrar diversidade, mas desdenhadas dentro dos limites do escritório.

Em junho de 2020, Toni Van Pelt, a presidenta da NOW que ridicularizou China Fortson-Washington no palco, foi removida depois do aumento das alegações de que ela excluía mulheres de cor. A nova presidenta foi Christian F. Nunes, uma mulher negra. Quando lhe perguntaram em uma entrevista se assumir o comando faria alguma diferença, Nunes disse: "Pensei que fosse mesmo ser capaz de ajudar essa organização, mas no fim das contas sinto como se tivesse sido apenas um token".[4] Ela acrescentou que, quando denunciou o racismo na NOW, foi afastada das reuniões executivas, e seus deveres foram atribuídos a mulheres brancas.

A Fundação Maioria Feminista, que notavelmente apoiou a invasão ao Afeganistão para "salvar" as mulheres afegãs por meio da ocupação do país, tem os seus próprios problemas. Sherill Dingle, uma mulher negra que trabalhou na FMF de 2017 a 2019, relatou que, quando os funcionários denunciavam casos de racismo, a presidenta, Eleanor Smeal, desconversava, lembrando a todos de sua participação no movimento pelos direitos civis e como ela tinha marchado com Coretta Scott King (a esposa de Martin Luther King Jr.).

Conversas sobre raça, relatou Dingle, muitas vezes se tornavam "competições de grito". Cinco outras funcionárias da FMF validaram a declaração de Dingle. Uma delas, Shivani Desai, que tinha trabalhado com ela na FMF, percebeu que Smeal tinha "reações voláteis em especial com jovens mulheres negras" e tentava destacar explicitamente várias opressões vivenciadas por mulheres brancas, interrompendo os debates sobre mulheres de cor dizendo: "E mulheres brancas também."[5] Smeal chegou até mesmo a reclamar sobre a pesquisa de opinião de 2016, que mostrou que 53% das mulheres brancas votaram em Trump, declarando que aquele número era "falso".

Outras atitudes tomadas por Smeal demonstravam uma ignorância latente de seu próprio privilégio branco. Quando o governo de Trump implantou sua política de "Tolerância Zero", separando crianças de seus país na fronteira Estados Unidos-México, Smeal anunciou que a FMF tomaria providências imediatas. Com o intuito de conscientizar, as funcionárias da FMF seriam todas presas e depois libertadas. Ela disse às funcionárias que já tinha combinado com a polícia as condições de prisão e soltura. "Isso não faz nenhum sentido", Dingle se lembra de ter pensado sobre o plano, não era como nada que ela tivesse visto em sua carreira em organizações. Dingle se recusou a ir ao protesto, por não ter certeza de que ela, uma mulher negra, seria tratada da mesma forma que as mulheres brancas. Por isso, ela foi repreendida por sua diretora branca, que afirmou que ir ao protesto era parte de seu trabalho.

"Elas não conheciam os próprios privilégios", diz Dingle. "Você acha mesmo que posso ir à polícia agora mesmo e dizer 'ei, estou tentando fazer uma passeata, preciso ser presa e solta'? Você realmente acha que isso acabaria bem para mim?"[6] Em outra conversa em que Dingle tentou explicar a experiência de mulheres negras, Smeal insistiu que mulheres brancas se sentiam "impotentes" ou "incapazes de se posicionar" e temiam ser machucadas por serem mulheres. Apenas mais tarde, quando a FMF foi contatada pela repórter da *Lily*, ela disse: "Concordamos que mulheres negras passam por mais opressão e discriminação do que mulheres brancas. Mulheres negras sofrem com racismo, supremacia branca, sexismo, patriarcado e misoginia. Mulheres brancas sofrem com sexismo, patriarcado e misoginia." Mesmo em sua justificativa, elas falharam em compreender que não era uma competição para comparar opressões, ou em reconhecer que mulheres brancas sempre possuem privilégio branco e mulheres negras, não. Na Associação Americana de Mulheres Universitárias (AAMU), Raina Nelson sugeriu iniciativas de pesquisas em torno dos desafios enfrentados pelas mulheres de cor. Suas propostas nunca levaram a nada, já que a organização escolhe focar a maioria de suas iniciativas em questões mais relevantes para mulheres brancas. Foi muito frustrante para Nelson fazer parte de um grupo de pesquisa e ver o quanto exatamente a AAMU focava em workshops sobre negociação salarial, o que é bastante irrelevante para mulheres com empregos de salários mínimos. Quando Kimberly Churches, diretora-executiva da AAMU, foi contatada sobre o fracasso da organização em financiar pesquisas a respeito de questões importantes para mulheres de cor, ela repassou dois artigos como resposta; um tinha trezentas palavras, e o outro (uma postagem de blog e não um projeto de pesquisa) tinha setecentas.

 A repórter da *Lily* também discute como as lideranças brancas dessas organizações, em particular a da NOW e a da FMF, tendem a apoiar umas às outras contra as alegações de condutas racistas. Já que as membras dos conselhos das duas organizações costumam ser brancas e mais velhas, muitas são amigas e formam suas próprias panelinhas nos conselhos. Eleanor Smeal e Toni Van Pelt (quando ela ainda presidia a NOW), que são grandes amigas, apareciam juntas em reuniões e apoiavam as ideias uma da outra diante das funcionárias.

Parece que não mudou muita coisa em aproximadamente quatro décadas desde que Audre Lorde trucidou a Associação Nacional de Estudos das mulheres por ignorarem a injustiça imposta pela raça. "Não posso esconder minha raiva para poupar você da culpa, nem meus sentimentos feridos, nem a fúria em minha resposta; porque fazer isso insulta e banaliza todos os nossos esforços. A culpa não é uma resposta para a raiva; é uma resposta às ações da própria pessoa, ou à falta delas", disse Lorde.[7] Na época, exatamente como hoje, os Estados Unidos estavam ameaçados por conflitos raciais e pela ascensão de uma direita política raivosa. As mulheres brancas com quem Lorde conversou se consideravam aliadas de mulheres negras, assim como muitas mulheres brancas bem-intencionadas fazem hoje. E como as mulheres brancas da atualidade, elas eram muito ignorantes no tocante a várias injustiças que infligiam a mulheres de cor.

Lorde listou em seu discurso naquele dia algumas coisas que suportou pessoalmente. Teve a mulher que foi até ela e disse: "Me diga como se sente, mas não o faça de forma cruel ou não conseguirei ouvir." E a mulher que, tendo acabado de ouvir Lorde ler um poema sobre sua raiva, se levantou e disse: "Você vai fazer alguma coisa em relação a como nós podemos lidar com a *nossa* raiva?" Por fim, houve a vez em que o Programa de Estudos sobre Mulheres de uma universidade do sul a convidou para uma leitura seguida de um fórum que duraria uma semana sobre mulheres negras e brancas. "O que essa semana trouxe para vocês?", Lorde se lembra de perguntar ao público depois da leitura. Com isso, "a mulher branca mais franca diz: 'Acho que me trouxe muita coisa. Sinto que mulheres negras me compreendem muito melhor agora; elas têm uma noção melhor da minha realidade'. Como se compreendê-la repousasse no centro do problema com o racismo".

A primeira chapa toda composta por mulheres de cor para a presidência e vice-presidência da NOW perdeu a eleição, mas a candidatura iniciou o desmascaramento da organização, expondo uma cultura interna de racismo endêmico. Houve um êxodo em massa daquelas que desaprovavam a forma como a organização tinha lidado com a questão racial. Tess Martin, uma frequentadora negra na conferência, viu a hostilidade com a qual as membras e líderes trataram as primeiras candidatas de cor à presidência e vice-presidência da organização. "A verdadeira cara da NOW é muito diferente", contou ela à reportagem do *The Daily Beast*. "Por trás do assistencialismo conveniente à irmandade, se revelou como o pior tipo de panelinha, e as membras não são mulheres que se parecem comigo."[8]

"A guerra em que estamos é uma guerra pela narrativa", disse Kimberlé Crenshaw a Abby Disney em uma entrevista em junho de 2020.[9] Para criar um feminismo igualitário, extirpado das pautas dominantes da branquitude, todas as feministas, e em particular as feministas de cor, devem reformular a história do movimento de tal forma que o papel desempenhado pela branquitude no seu desenvolvimento se torne visível. Devemos acabar com a celebração de "heroínas" feministas que sustentaram a supremacia branca, no passado e no presente, pois nós também a sustentamos ao fracassar em nos posicionarmos contra ela, ao agir sob hipóteses racistas ou como cúmplices de estruturas e práticas racistas. Tanto a NOW quanto a FMF são organizações com membras, em sua maioria, brancas. A dificuldade do trabalho da solidariedade feminista acontece quando esse fato demográfico *não* é usado como desculpa para focar somente em questões enfrentadas por mulheres brancas de classe média e alta e mapeia a preocupação delas em relação às pessoas.

Muitas feministas de cor, incluindo eu, ainda acreditam que isso é possível. Isso não significa a eliminação de mulheres brancas do feminismo; e sim a eliminação da "branquitude", no sentido em que branquitude tem sido sinônimo de dominação e exploração. E esse objetivo nunca poderá ser alcançado sem o apoio de mulheres brancas.

•

A justiça do sistema é inacessível a milhares de pessoas por causa da desigualdade econômica inerente ao nosso modelo econômico capitalista. E a pobreza

— com muitos outros problemas relacionados, como a insegurança com empregos e moradia, a desvantagem educacional e piores resultados médicos — afeta desproporcionalmente pessoas de cor. Se a raça e o gênero determinam de forma direta o tratamento dispensado a um indivíduo em nossa sociedade, então o mesmo acontece com a classe. Aprendi o quanto o impacto de classe é de fato pesado quando era uma jovem advogada recém-formada.

Depois de passar na Ordem dos Advogados, meu primeiro emprego foi como advogada associada em um pequeno escritório de advocacia afro-americano, administrado inteiramente por advogados negros e com uma equipe de funcionários composta por uma maioria de pessoas de cor. O escritório era especializado em processos de direitos civis, o que inclui casos do Título VII de discriminação no trabalho e assédio sexual. Jovem e idealista, considerei o foco do emprego (tirando o salário) como um sonho. Não apenas estava trabalhando para um escritório de maioria de pessoas pertencentes a minorias, mas também ajudaria aqueles que tinham sido discriminados por questões raciais e religiosas. Esse tipo de trabalho era exatamente o que imaginei quando comecei a fazer treinamento como advogada, anos antes. O escritório era minúsculo e não havia uma sala vazia para mim, então eles me alocaram na biblioteca, pronta para receber os clientes, e os clientes vieram.

Em um dos casos, uma jovem hispânica que trabalhava em um armazém local descreveu como seus colegas de trabalho faziam constantemente comentários sexuais, se esfregavam nela e até mesmo tentavam apalpar os seios dela. Em outro caso, uma mulher que trabalhava repondo prateleiras em um mercado estava sendo assediada por um colega de trabalho que fazia comentários obscenos quando ninguém estava por perto. Uma mulher branca que trabalhava em uma loja de conveniência apareceu alegando que tinha sido atacada no trabalho por um colega que não estava em horário de trabalho.

Tudo isso se passou durante os meus primeiros meses de trabalho no escritório. A cada vez, depois de escrever os detalhes do caso, eu dizia à cliente para esperar um telefonema de confirmação para saber se o escritório poderia pegar o caso dela. Na manhã seguinte, acontecia uma reunião com meu advogado supervisor a fim de repassar informações dos casos. E logo aprendi que não seriam as entrevistas com as clientes, mas as reuniões posteriores com o meu supervisor que dissipariam meu idealismo. Naquela breve conversa, e em muitas outras depois, o advogado sênior me perguntava: "Quantas provas ela tem? Ela conhece outras pessoas que sofreram algo similar? O empregador dela tem uma política contra assédio sexual que ficava em um local à vista ou em um livro disponível para todos os funcionários? Ela tem uma cópia dessa política? E um ponto crucial: ela pode arcar com os custos?"

Se havia provas — uma gravação telefônica, alguns colegas de trabalho dispostos a corroborar e testemunhas terem escutado ou visto algo, ou, melhor ainda, que foram assediadas — e se não houvesse nenhuma política contra assédio sexual ou um escritório de Recursos Humanos, então as coisas iam bem. Se as requerentes tivessem a capacidade de arcar com pelo menos uma pequena parte dos custos legais, nós tínhamos um contrato. A maioria das minhas clientes não podia pagar, nem mesmo um pouco. E casos de direitos civis costumam envolver custos altos, não só em termos de honorários, mas também milhares de dólares para pagar pela transcrição dos depoimentos e pelos especialistas. Há custos associados com o pedido em si, custos associados ao arranjo e pagamento de depoimento em vídeo, no qual a requerente pode ser questionada no registro, e seu relato vale como uma prova aceita no tribunal. Especialistas são, de fato, muito caros e muitas vezes necessários para se provar, por exemplo, um estresse pós-traumático, que costuma ser consequência de assédio e discriminação. Os próprios honorários dos advogados podem, teoricamente, ser adiados até que seja dada a sentença, mas o restante é custo primário que requer um fluxo de dinheiro imediato.

A prática de honorários por contingência significa que os requerentes não precisam pagar até que se tenha a indenização do acusado processado, e a intenção é garantir que qualquer um, em particular aqueles que não têm milhares de dólares para pagar os custos iniciais, possam bancar a busca por justiça. Nosso escritório tinha um orçamento pequeno (minha mesa era em um canto da biblioteca e alguns clientes "trabalhavam para pagar" seus custos, arquivando e fazendo cópias), mas, em teoria, nós aceitávamos casos por contingência. Não rejeitaríamos clientes por não poderem arcar com os custos, mas os aceitaríamos muito mais rápido se pudessem.

O caso da primeira mulher, a funcionária do armazém lidando com assédio sexual, não era, de cara, sólido. Os elementos legais estavam todos lá, mas houve pouca corroboração; ela não conhecia nenhuma política contra assédio, contudo, suspeitei de que alguma política seria arranjada quando seu chefe ouvisse sobre a queixa. Quando ela voltou, alguns dias depois, precisei dar a ela a má notícia. Haveria dificuldades significativas em prosseguir com o caso e provavelmente o custo seria muito alto. Ela seria capaz de pagar? A resposta foi "não".

O impacto de classe é ainda mais inflado se a pessoa pertence a uma minoria racial. Entre as pessoas negras dos Estados Unidos, 21% vivem abaixo da linha de pobreza, assim como 17% dos hispânicos e 24% dos povos nativos dos Estados Unidos e do Alasca.[10] Em contraste, apenas 9% dos brancos vivem na pobreza. Quanto mais abaixo da linha alguém está, maior é a possibilidade de vivenciar a "extrema pobreza", em que os ganhos das pessoas são menos da metade do que a quantidade da linha de pobreza. Estima-se que 44% daqueles abaixo da linha de pobreza estejam em "extrema pobreza".[11]

De acordo com o Centro de Progresso Americano, mulheres de todas as raças têm taxas mais altas de pobreza do que homens de todas as raças e etnias. Entre as mulheres negras, 23% vivem na pobreza, com 17% das mulheres hispânicas e quase 25% das mulheres pertencentes aos povos nativos dos Estados Unidos e do Alasca.[12] Esses números são importantes porque representam a extensão do problema. De acordo com os estatísticos que reuniram esses dados, uma das principais razões para mulheres de cor não conseguirem sair da pobreza é o fracasso do mecanismo de redistribuição econômica tal qual os programas governamentais para assistência alimentícia, auxílios, habitação social e assim por diante.[13] A importância de melhorar esses programas cada vez mais negligenciados é enorme; eles precisam ser reformados e melhorados para que mulheres de cor conquistem paridade.

Circunstâncias similares prevalecem no Reino Unido. A implementação recente dos cortes de benefícios e as medidas de austeridade levaram para a pobreza uma estimativa de 14 milhões de pessoas.[14] As famílias de pessoas negras e asiáticas, com as rendas no um quinto mais baixo, viram uma queda de 20% em seu padrão de vida.[15] Um estudo sobre o impacto da austeridade, feito por mulheres de comunidades em Manchester e Coventry, descobriu que 40% das mulheres africanas e caribenhas, 46% das mulheres paquistanesas e 50% das mulheres de Bangladesh provavelmente estão vivendo em situação de pobreza.

Essas estatísticas revelam como as provisões de justiça de gênero disponíveis por meio do sistema jurídico são necessárias com mais recorrência para mulheres de cor que vivem na pobreza. Ao mesmo tempo, dentro da estrutura de assédio sexual e discriminação no trabalho, há poucas formas como essas mulheres podem acessar o sistema jurídico e ter suas queixas ouvidas. No modelo capitalista, até mesmo aqueles escritórios de advocacia que oferecem aos clientes honorários por contingência olham para o problema com uma perspectiva de investimento, determinando se investir o tempo de um advogado mais todos os outros custos produzirá ou não um provável ganho para eles.

No caso da mulher hispânica que trabalhava no armazém, a falta de evidência significava que um resultado justo não era garantido, mas a inabilidade financeira de ter o processo iniciado, para começo de conversa, significava que o caso nunca chegaria até um juiz, nunca seria ouvido ou considerado; um resultado justo era absolutamente impossível. Essa é a situação da maioria das mulheres negras, marrons e indígenas que enfrentam discriminação racial e de gênero — elas não têm nenhum recurso.

Em seu livro, *Redistribution or Recognition: A Political-Philosophical Exchange* [Redistribuição ou reconhecimento: uma troca entre política e filosofia], a teórica crítica e filósofa política Nancy Fraser considera por que a redistribuição não costuma ser incluída nas discussões sobre opressão. Fraser volta a atenção para "a enorme separação entre as políticas culturais e as políticas sociais, entre as políticas de diferenças e as políticas de igualdade".[16] Em vez de simplesmente entender "reconhecimento" como "políticas de identidade" ou "redistribuição" e igualá-lo a "políticas de classe", Fraser entende seu "paradigma de redistribuição" como "não apenas centrado em classe tal qual o Liberalismo New Deal, a democracia social e o socialismo, mas também as formas de feminismo e antirracismo" que procuram por relações econômicas mais justas para a conquista de equidade e justiça racial e de gênero.

Um dos impedimentos para a justiça de gênero é o infeliz distanciamento e oposição entre as "tendências ativistas que veem redistribuição como o remédio para a dominação masculina" e as que veem "o reconhecimento como um meio de resolver a diferença de gênero". As políticas focadas em grupos com bases identitárias, como gênero, sexualidade, religião e raça, tendem a demandar reconhecimento. No entanto, a realidade da condição material das pessoas, embora muitas vezes sejam relacionadas a grupos identitários, varia amplamente dentro de cada grupo.

Na visão de Fraser, "gênero" é uma categoria híbrida na qual mulheres sofrem por não serem reconhecidas, assim como pela má distribuição. A justiça de gênero requer tanto reconhecimento quanto redistribuição.[17] Uma abordagem baseada em reconhecimento e redistribuição insistiria, por exemplo, que locais de trabalho e instituições educacionais fizessem acomodações especiais para mulheres de cor enquanto grupo e depois garantiria que elas tivessem direitos adicionais, assegurando apoio financeiro para ajudá-las a alcançar a paridade de gênero. Uma iteração literal disso podia ser alguma espécie de assistência para honorários legais para mulheres de cor que enfrentam assédio e discriminação no local de trabalho, de maneira a terem a capacidade de seguir com as queixas contra os empregadores. Outras formas podiam ser a prioridade de concessão para mulheres que enfrentam tanto discriminação racial quanto de gênero em agências federais como a Equal Employment Opportunity Commission [Comissão de Oportunidade Igualitária de Emprego].

Em seu discurso para a Associação Nacional de Estudos das Mulheres (ANEM) em 1981, Audre Lorde fala precisamente sobre esse fenômeno.

Quando uma mulher acadêmica diz "não posso bancar isso", ela pode estar querendo dizer que está fazendo uma escolha sobre como gastar o dinheiro que tem disponível. Mas quando uma mulher vivendo de auxílio diz "eu não posso bancar isso", ela quer dizer que está sobrevivendo com um valor que mal dava para a subsistência em 1972, e ela muitas vezes não tem o suficiente para comer. Ainda assim, a Associação Nacional de Estudos das Mulheres, aqui, em 1981, organiza uma conferência que se compromete a responder ao racismo, mas se recusa a abonar a taxa de matrícula para mulheres pobres e de cor que desejassem apresentar e conduzir um workshop. Isso inviabilizou para muitas mulheres de cor — por exemplo, Wilmette Brown, do Mulheres Negras pelos Salários para Trabalhos Domésticos — a participação nesta conferência.[18]

Centenas de conferências antirracistas serão pouco benéficas se as pessoas de cor que eles querem capacitar não puderem bancar estar no local.

Quase meio milhão de pessoas participou da Marcha das Mulheres em Washington, DC, em janeiro de 2017. A grande maioria delas era composta por mulheres brancas de classe média. Teresa Shook, a advogada aposentada que teve a ideia da marcha, escreveu mais tarde que "a realidade é que as mulheres que inicialmente começaram a organizar eram quase todas brancas", e que ela no começo chamou o ato de "Marcha de Um Milhão de Mulheres", um nome que já tinha sido usado para um grande protesto organizado em Washington, DC, em 1997, por mulheres negras.

Aurielle Marie-Lucier, escrevendo para a revista *Essence*, falou sobre o racismo passivo que ela vivenciou na marcha, desde ser empurrada para uma lixeira por uma "mulher maldosa" até sofrer racismo de uma feminista branca idosa, e concluiu que as mulheres brancas tinham "marchado apenas a favor de si mesmas". A ênfase em úteros e vaginas também irritaram Lucier, já que isso presumia que todas as mulheres os têm (excluindo, assim, mulheres trans).[19]

Lucier foi apenas uma das mulheres negras que se posicionaram. Uma pesquisa sobre o ambiente antes e depois da marcha mostra como comentaristas negras que criticaram o evento foram silenciadas. Uma delas, Bridget Todd, expressou ter sentido medo, antes da marcha, de que mulheres marginalizadas fossem alvo de prisão e ações policiais apenas porque as mulheres brancas que não votaram em Trump queriam provar algo. "Sinto muito, mulheres brancas, mas algumas de vocês ajudaram a nos colocar nessa bagunça... Talvez não seja a voz de vocês que precise ser amplificada depois do desastre."[20] Todd foi muito rechaçada por ousar dizer isso, a maioria ressaltando o preceito de que a marcha não via cores e era para "todas" as mulheres. Todd foi acusada de "divisionismo, racismo reverso e de estar com raiva de mulheres brancas".[21] A guerra retórica continuou nas páginas do *The New York Times*, quando Emma Kate Symons escreveu: "Você é uma mulher e, independentemente da sua cor, etnia e orientação sexual, nós deveríamos ser uma única voz."[22]

Foi exatamente o tipo de repressão do qual muitas mulheres de cor estão exaustas; seu erro central não é muito diferente da pregação sobre não ver cores dos críticos ao movimento Black Lives Matter, que persistem em usar o lema "Todas as vidas importam". Isso ignora a simples verdade de que aqueles que se beneficiam de sua cor de pele não podem pregar não ver cor, encobrindo, assim, seu privilégio racial.

As líderes da marcha estavam orgulhosa e publicamente comprometidas com a ideologia interseccional e, ainda assim, não consideraram que sábado, um dia de descanso para as classes médias, era apenas outro dia de trabalho para as funcionárias de manutenção e do setor hoteleiro — para faxineiras, trabalhadoras em meios de transportes, cuidadoras e mulheres envolvidas em muitos outros tipos de trabalho que pagam pouco e muitas vezes não têm segurança, desempenhados por pessoas de cor e imigrantes. Em 2020, a pandemia da Covid-19 revelou que mais da metade dos "trabalhadores essenciais" dos Estados Unidos — incluindo caixas de supermercados, zeladores e funcionários de fast-food, geralmente recebendo salários mínimos — são mulheres, e dessas mulheres um número desproporcional são negras. Ainda assim, elas não foram vistas como essenciais para a Marcha das Mulheres. Por isso, enquanto muitas mulheres brancas estavam presentes na marcha em um dia conveniente para elas, outras, provavelmente mulheres de cor e imigrantes, limpavam seu quarto de hotel, conduziam os ônibus delas pela cidade e cozinhavam os tacos, os *noodles* e as pizzas com que elas se premiariam depois de um dia duro de protesto contra a injustiça.

Abordagens interseccionais são difíceis, mas são possíveis. No caso da Marcha das Mulheres, teria sido útil ter uma liderança de organizações LGBTQIA+ envolvida. Mais importante ainda, uma boa estratégia seria ter abordado as grandes corporações como a Amazon, o McDonald's, o Burger King, e assim por diante, além das maiores redes de hotéis, para permitir que suas funcionárias pudessem comparecer à marcha. O medo de parecer contra as mulheres poderia ter sido o suficiente em muitos casos para garantir que mulheres de cor tivessem alguma oportunidade de participar. A marcha também poderia ter criado melhores conexões com as lideranças de grupos como o Black Lives Matter, para que as afiliadas a essa organização tivessem visibilidade e papéis de definição nas pautas da marcha.

Muitas das mulheres que marcharam em 2017 queriam mostrar sua oposição política à eleição do presidente Donald Trump. Ainda assim, mesmo enquanto elas protestavam, aquelas que alegaram não ver cor fracassaram em compreender que para mulheres negras e marrons, a eleição de Trump apresentava uma ameaça verdadeira. Pior ainda: elas não usaram o ativismo daquele momento para compreender o papel que o apoio de mulheres brancas à supremacia branca desempenhou na eleição. Em 2020, quando Trump perdeu, foi de novo revelado que mulheres brancas aumentaram seu apoio a ele, e 55% delas votaram pela reeleição do presidente.[23] O número é particularmente revelador, porque, depois da eleição de 2016, poucas mulheres brancas (tais como aquelas já citadas) viam racismo como um problema entre elas. Também é notável que mais de 80% das mulheres negras, a porcentagem mais alta demograficamente, tenham votado contra o presidente Donald Trump.

Nos anos seguintes, a iniciativa da Marcha das Mulheres se dividiu em várias organizações diferentes, cada uma organizando seu próprio protesto no aniversário da marcha original. Em 2020, houve questionamentos sobre a relevância de continuar a marcha; algumas acreditavam que seus objetivos, como encorajar mulheres a concorrer a cargos políticos, já tinham sido alcançados.[24]

No final dos anos 2000, quando comecei a me voluntariar na Anistia Internacional dos Estados Unidos (AIEUA), eles operavam algo denominado por especialistas como "regra-do-próprio-país". Isso significava que eu era proibida de fazer qualquer trabalho relacionado ao Paquistão simplesmente porque era do Paquistão. Era uma regra discriminatória aplicada a imigrantes que podiam querer trabalhar a favor de seus próprios países, mas não para pessoas brancas. A maioria das pessoas brancas trabalhava em questões relacionadas aos Estados Unidos o tempo todo. A especialista em "gênero" trabalhava em questões enfrentadas por mulheres brancas, mas também se debruçava sobre questões de outros países sempre que desejasse. Isso resultava da ênfase geral que os brancos dão para a especialização como qualificação para tudo. A consequência da regra era que pessoas brancas que tinham interesse em trabalhar com um país, mas não conheciam o idioma ou nunca tinham estado lá, agora eram "experts", enquanto nativos desses países que tinham migrado para os Estados Unidos não podiam se candidatar/contribuir com seus conhecimentos. Mais tarde, quando a regra se tornou difícil de defender, alegou-se que ela existia para proteger os voluntários de sofrerem represália de seus países de origem. (Os voluntários podiam facilmente avaliar o risco por conta própria, dado que todo trabalho voluntário em direitos humanos envolve algum risco.) Pessoas negras e marrons estavam, assim, excluídas de discussões políticas para sua própria proteção. Em 2009, quando fui eleita para o conselho da AIEUA, a regra tinha, depois de muita discussão, mudado.

No entanto, há uma importante distinção entre o que Nancy Fraser chama de "mudança afirmativa" e a real mudança transformacional. A primeira é superficial, para preencher formulários, com a intenção de silenciar e tranquilizar; a última requer a dissolução de estruturas inerentes e hierarquias para uma reformulação completa. Seja a Organização Nacional das Mulheres ou uma organização como a AIEUA, ou até mesmo a Marcha das Mulheres, todas exigem mudança transformacional. Isso significa reconsiderar tudo. Desde a forma como as reuniões são organizadas e as chamadas para conferências são definidas até a maneira como as manifestações públicas são organizadas. O mais popular para a maioria das organizações, infelizmente, é a mudança afirmativa: colocar uma mulher negra no topo ou criar um comitê para cuidar da "diversidade" (a AIEUA convocou vários desses, alimentando a impressão de que algo estava sendo feito, quando tudo o que faziam na verdade era estabelecer outro comitê cujas descobertas não ficariam disponíveis por meses e às vezes anos).

A mudança de que precisamos, de que o feminismo precisa, é a mudança transformacional. A análise de onde e como fazer essa mudança precisa ser interseccional, considerando raça, classe e gênero, e a reparação precisa ser tanto redistribuída quanto reconhecida. Essas são as demandas do momento, mas nenhuma delas pode acontecer sem um renascimento do coletivo e, mais importante, um retorno ao político.

Em uma tarde de outono em 2020, tive uma conversa com uma acadêmica branca mais velha sobre um assunto que ela considerava terrivelmente polêmico, e eu nem um pouco. O problema em questão era simples: durante nossa conversa, confessei que não uso mais as "três ou quatro ondas" da análise feminista nos meus escritos e palestras sobre feminismo. A estrutura, falei para ela, representava uma forma de olhar para a história fundamentalmente pelas lentes das mulheres brancas do Ocidente.

Ela ficou horrorizada. Em sua mente, minha rejeição a esse enquadramento particular da história, que é a base de cursos de estudos de gênero em todos os Estados Unidos, era um precursor para o apagamento de todas as mulheres brancas do movimento feminista, mesmo que elas não fossem responsáveis ou culpadas de modo direto pelos erros das feministas brancas do passado, e mesmo que tivessem, em suas próprias palavras, "construído o movimento".

Suas palavras, ou melhor, sua raiva, fixou-se em mim. Primeiro, é impossível que qualquer mudança ocorra a não ser que mulheres brancas, particularmente as mais velhas, desapeguem de suas crenças paranoicas de que igualdade racial dentro do movimento é algum tipo de estratégia furtiva para substituí-las.

Segundo, se o feminismo quer se redimir, ideias gastas/obsoletas/colonialistas da história, tradição e contribuição precisam ser transformadas, e uma nova estrutura precisa ser criada para tomar seu lugar. As feministas brancas que alegam terem "construído o movimento" estão refletindo o privilégio e o poder estrutural que tomaram para si às custas das mulheres de cor. E como Kimberlé Crenshaw diz: "O valor da teoria feminista para mulheres negras é pequeno, porque se desenvolveu de um contexto racial branco que raramente é admitido."[25] Para que qualquer uma dessas ideias seja usada por nós, precisamos encarar o ambiente no qual elas foram geradas. Criar uma nova narrativa autoconsciente e relutante em repetir constantemente as injustiças do passado colonial é essencial para organizar as mulheres em torno da ideia de solidariedade.

Terceiro, as feministas brancas precisam reconhecer e compreender a distinção entre branquitude, cuja injustiça deixou tal raiz dentro das entranhas do movimento, e ser uma feminista que é branca. A primeira cria hierarquias que consolidam ainda mais as desigualdades baseadas na raça em sociedade e consagra a cultura branca, as formas brancas de comer, beber, dormir, falar, se comunicar e organizar como "os" caminhos. O último é um termo descritivo desvinculado de um plano de dominação.

A diferença é importante; é o que não permite que mulheres brancas se desvinculem do feminismo sob o pretexto de terem sido "banidas" por uma pauta feminista antibranca. Quando você é criticada por seu feminismo branco, isso não é uma mera descrição de sua herança racial, algo pelo que você pode sentir culpa, mas nada pode fazer para mudar. É uma descrição de suas palavras e ações. É crucial que mulheres brancas compreendam que ser branca e ser mulher não são os critérios que fazem de uma mulher uma feminista branca; é, na verdade, recusar reconhecer seu privilégio branco. Ela pode, em vez disso, se abster da territorialidade e se desapegar do egoísmo individual para ajudar a moldar uma solidariedade autenticamente construída.

Por fim, as feministas brancas precisam aceitar que a verdadeira solidariedade, em que mulheres de todas as raças interagem em um nível de paridade, significa acomodar e valorizar muitos tipos diferentes de conhecimentos e experiências, acima de tudo, aqueles que vêm de experiências vividas. Para conquistar a igualdade, será preciso exaltar mulheres que não estão familiarizadas com jargões ou retórica e valorizar suas contribuições tanto quanto as daquelas que sabem como se recobrir com muitos atrativos.

Comecei este livro lamentando a evisceração do aspecto "político" do feminismo. "Empoderamento", como apontei no Capítulo Dois, foi uma palavra cunhada por feministas da região sul do mundo e tinha a mobilização política coletiva como centro.[26] Antes de sua redução ao mero aspecto econômico de distribuição de galinhas, máquinas de costura ou fogões novos, essa ideia de empoderamento repousava sobre três componentes essenciais: poder, conscientização e agência. Na versão debilitada de empoderamento que existe hoje, cada um desses componentes foi redefinido e adaptado: em vez de poder, as mulheres recebem "meios de subsistência"; em vez de conscientização das estruturas de opressão, as mulheres recebem o treinamento em habilidades de liderança; e em vez de uma agência significativa, é dito a elas que sigam em frente e se esforcem mais.[27]

O momento populista também pode ser um momento feminista, sua possibilidade é a reconstrução do próprio feminismo. No entanto, isso requer solidariedade para catalisar energia potencial em ações significativas.

Solidariedade, infelizmente, é fácil de prescrever, mas muito mais difícil de criar na realidade. Você pode pensar que a "condição de mulher" é um "nós" razoavelmente poderoso que compartilhamos, mas carrega a mácula de ter significado "mulheres brancas" e seus interesses e pautas, desde a época em que Sojourner Truth perguntou "E eu não sou uma mulher?" até os eventos mais recentes como a Marcha das Mulheres. O feminismo contemporâneo está perdendo uma evidente fronteira política pela qual se unir; ele não pode existir apenas como uma força em busca de uma igualdade incipiente ou da erradicação indefinida do patriarcado. Precisamos nos unir em nome de reivindicações políticas específicas, e talvez a mais importante delas seja que a dominância do capitalismo é algo ruim para todas as mulheres, até mesmo as mulheres brancas.

As vertentes anticapitalistas dentro do feminismo têm sido historicamente reprimidas e invertidas para proteger os interesses de mulheres brancas, membras do grupo racial mais rico no mundo. Mas o feminismo que resulta disso — despolitizado, corporatizado, atomizado, afiliado ao consumismo oco e à dominação violenta — nem ao menos serve aos interesses dessas mulheres brancas a longo prazo.

Quando toda mulher está "seguindo em frente" individualmente, não resta ninguém para construir uma ajuda e um apoio mútuo. E, assim, o foco de cada pessoa é conquistar o sistema, exatamente como os homens brancos fizeram, em vez de perceber as maneiras pelas quais tal conquista é estruturalmente fechada para outras ao redor delas. Quando se é estimulado a lutar contra um "outro" imaginário para vencer uma mísera migalha de poder, você não engloba conhecimento com esse outro, não comunica suas diferentes vivências e nunca chega a construir um cenário com as profundas falhas acumuladas no próprio sistema. Você nunca chega ao ponto de questionar sua própria existência. Essa erosão do coletivo empobrece a vida de todas as mulheres e atrofia as redes de apoio, reduz o progresso por direitos e campanhas de redistribuição, além de desperdiçar uma quantidade enorme de energia entre as feministas na luta contínua para que algumas de nós sejam ouvidas até mesmo entre nós. Individualismo é, em uma noção muito crucial, um tijolo do capitalismo. Uma tarefa que Helen Gurley Brown realizou com a criação da Cosmo Girl foi transformar mulheres em produtoras individualistas e carreiristas da economia, que podiam ser instaladas na máquina do capitalismo, saciadas por coisas que podiam comprar com o dinheiro que ganhavam. Por esses motivos, as forças capitalistas têm procurado despolitizar tantas esferas da vida pública o máximo possível. Para criar uma política feminista de solidariedade, as mulheres precisam reconhecer as forças que as separam e que as empurram na direção de uma competição sem sentido ao afastá-las da compreensão de coletivo e de engajamento. Individualidade dentro da estrutura capitalista é um antidoto às políticas e à solidariedade.

    Os últimos quarenta anos viram a persistência de uma hegemonia neoliberal em todas as partes da vida pública. Ao redor do mundo, foi dito para as pessoas que elas não têm outra escolha a não ser aceitar como consenso o neoliberalismo, que, por sua vez, tem eviscerado a ideia de que a política pode e deve ter um componente transformador. Antes da ascensão de autoritários como Trump nos Estados Unidos, Bolsonaro no Brasil e Modi na Índia, a política parecia ter alcançado um ponto em que nenhuma diferença verdadeira restava entre a direita e a esquerda. As administrações sucessivas tanto nos Estados Unidos quanto no Reino Unido efetuaram muito poucas mudanças na política, dentro da dimensão das coisas. Isso é resumido de maneira hábil na famosa alegação de Tony Blair de que "a escolha não é entre uma política econômica de direita ou de esquerda, mas entre uma boa política econômica e uma ruim".[28]

Essa política econômica indiscutivelmente "boa", ao que parece, era o neoliberalismo. Contudo, quando questões políticas são reduzidas a meros problemas técnicos, em que os resultados serão determinados por especialistas, não há espaço para que os cidadãos façam escolhas ideológicas.

Várias décadas de neoliberalismo incontestado alimentaram o medo do controverso e do político. Também acabaram criando uma demanda constante e um aumento de "soluções" técnicas, sugerindo que questões políticas complexas podem, assim, ser resolvidas em algumas simples etapas e com reajustes tecnocráticos. A ONGnização de várias questões políticas, tal qual o auxílio para as mulheres que sofrem abuso ou mulheres que precisam de apoio jurídico, tem tirado essas questões da arena da disputa política. Ondas de redução de financiamentos governamentais que têm afetado diretamente as mulheres nem sequer são reconhecidas como uma questão das mulheres/feministas. Quando o dinheiro de um auxílio que fornece ajuda jurídica para mulheres em abrigos de violência doméstica é cortado, é difícil sequer saber mais a respeito, pois essas decisões são ocultadas dentro das camadas de entidades financeiras e terceiros, quanto mais organizar uma resistência a esses cortes. Como muitas outras benfeitorias públicas do passado, a filantropia tenta de forma desnivelada compensar o vazio — mas suas prioridades são moldadas, ainda mais do que as do governo, pelo interesse de doadores ricos e brancos. Um feminismo reconstruído deve ir além da inclusão de mulheres de cor em posições principais de liderança em tais instituições de caridade. Ele deve transformar os próprios termos de liderança para se afastar de soluções tecnocráticas e politicamente "neutras", e ir em direção à arena complexa e vital da disputa política. As ONGs têm um papel a desempenhar na sociedade, mas a ONGnização tecnocrática dos espaços políticos tem deixado muitas pessoas, sobretudo feministas de cor, marginalizadas, por conta da inabilidade de influenciar as pautas dessas organizações. Mais atenção deveria ser dada às organizações ativistas que podem pressionar por mudanças políticas, mesmo que isso signifique efetuar as deduções fiscais citadas, acumulando o que é devido para doações no primeiro caso.

Quando tudo é feminista, nada é feminista. O estigma escolhido pelo feminismo que prega que "todas nós podemos concordar" não só tem se provado ineficaz, mas tem desviado a responsabilidade. Afinal de contas, se todo mundo é responsável por garantir educação para todas as garotas, então ninguém é. Essa falta de responsabilidade é o motivo do feminismo ter se reduzido a um mecanismo de estigmas em vez de uma força para uma mudança real.

Mas dar significado político ao feminismo não deve ser confundido com exclusão. A definição de uma fronteira feminista como uma linha de ação política e organizacional significa que haverá mulheres do lado de fora. Mas elas serão as mulheres que vão discordar dos objetivos, como é direito delas, e não aquelas que querem participar, mas se veem em uma categoria de identidade desvalorizada e perseguida. As mulheres que estão do lado de fora não são "excluídas" no sentido de serem desvalorizadas ou ignoradas, mas de serem mulheres que, por suas próprias razões, fazem uma escolha política de não se alinharem com as políticas do feminismo. Apoiar algo significa que inerentemente algumas pessoas vão escolher não estar com você. Isso é essencial para constituir um movimento, não um prenúncio de sua inadequação.

CONCLUSÃO
Sobre medo e futuros

Conforme me aproximava do fim da escrita deste livro, fui tomada pela forte sensação de estar lançando um mau presságio. Separar mulheres em brancas e não brancas significa que muitas das pessoas que amo e respeito podiam ler minhas palavras como uma acusação de serem elas próprias "mulheres brancas" em vez de amigas, colegas e familiares. Reconheço que isso é tanto um reflexo de nossa sociedade rompida quanto da pura emoção que os contornos dessas discussões sobre raça incitam em todas nós. Admitir que essa é a realidade é o primeiro passo para se perguntar como ir além de chamarmos a atenção umas das outras e caminharmos na direção de uma conversa que é urgente e necessária. Se a era Trump se muniu da divisão racial para dar um fim à conversa, minha esperança é normalizar as discussões para que possamos ultrapassar a resposta reativa e seguir em direção à transformativa.

Ao me encaminhar para este final, tentei construir um argumento para a possibilidade de ver o mundo por meio dos olhos de outras mulheres. Esse é um desafio individual e coletivo, e devemos começar pela compreensão de que esse é um desafio que as mulheres de cor têm executado há séculos, não por terem uma grande compaixão ou terem a qualidade de se importarem inerente à raça, mas pela necessidade de sobreviver em um mundo controlado por brancos. Agora é hora de mulheres brancas se juntarem a elas nessa tarefa e compartilhar o fardo.

Também devemos nos dar conta de que enquadrar umas às outras na linguagem de diferença racial carrega em si a possibilidade de afastar, abandonar outras que conhecemos, respeitamos e amamos por pertencerem à categoria oposta da de mulher branca ou não branca. As mulheres brancas que passaram a vida debatendo e trabalhando para elevar as vozes de mulheres de cor podem sentir como se estivessem agrupadas com outras que têm visões racistas. De forma semelhante, mulheres de cor podem se tornar vítimas de fazerem interpretações exageradas ou de atribuírem motivos racistas até mesmo para aberturas que nascem de um desejo sincero de compreensão mútua. E admito essas armadilhas, porque as tenho encontrado e vivenciado, e também por ter uma esperança profunda de que nós, enquanto mulheres e feministas, possamos superá-las. Acredito que seja crucial que as discussões sobre o feminismo branco não sejam entendidas como uma acusação a todas as mulheres brancas ou uma prescrição para que se descarte o trabalho em torno das diferenças porque a diferença racial torna impossível uma compreensão mútua.

Escrever este livro tem sido pessoalmente instrutivo para mim sobre os mecanismos emocionais de raça: a dificuldade em distinguir entre o que é genuinamente parte da base do racismo estrutural e o que é uma reação vinda do trauma de exclusão. Se as mulheres brancas devem ver além de suas próprias ações como indivíduos para entender o poder e o privilégio da categoria na qual habitam, feministas de cor também devem rejeitar a tentação de patologizar cada uma das interações fracassadas. É fácil estar imersa na paranoia de que nenhuma solidariedade sincera é possível e recuar para nossas próprias categorias raciais; é muito mais difícil abandonar a sensação de ter sido ofendida e trabalhar em direção à união. E estou torcendo para que possamos fazer isso.

Criticar é o primeiro passo de um longo processo para abrir o debate. Argumentar a favor do revigoramento da possibilidade de contestação política exige que as ideias neste livro sejam desafiadas e discutidas, seja aceitando-as ou rejeitando-as, sem que qualquer interlocutor tema ser rotulado simplesmente como racista por não se sentir convencido ou por ver possibilidades alternativas além daquelas que são sugeridas aqui. Minha esperança é que, ao convidar a esse tipo de crítica e ao abrir meu próprio trabalho a ela, eu consiga moldar suas necessidades. A história do racismo estrutural dentro do feminismo, um pouco da qual tentei delinear aqui, não deveria ser um debate e uma contestação sem futuro dentro do feminismo. Mulheres brancas não devem sentir que a crítica à branquitude no feminismo é uma tática de intimidação grosseira que pretende silenciá-las por completo. Mulheres de cor deveriam evitar usar a crítica como autodefesa contra ter suas ideias e argumentos desafiados por feministas de qualquer etnia, tampouco deveriam usá-la como uma panaceia contra uma autoavaliação. Se o feminismo e o projeto feminista devem ser levados a sério neste momento de transformação cultural, isso é absolutamente essencial.

Este livro é um argumento para que o feminismo se lance contra uma fronteira bem específica, a da branquitude, em que a branquitude não é construída como uma categoria biológica, mas como uma série de práticas e ideias que emergiram do fundamento da supremacia branca, sendo essa um legado do império e da escravidão. No momento, essa fronteira passa direto pelo meio do feminismo, tornando impossível uma união verdadeira de um "nós" dentro da condição da mulher, em parte por não estarmos dispostas a discutir e confrontar o que a branquitude fez para o feminismo e o que roubou dele. Mas isso pode ser superado — por meio de uma revolta expressiva e visível de estruturas de poder. Devemos abandonar o estilo de inclusão por apêndice, que considera suficiente a adição de uma mulher de cor em uma mesa de debate, currículo ou comitê. Devemos denunciar aqueles que continuam presos a histórias, estórias e formas exclusivistas, mesmo em nome da tradição. E as feministas que usaram por muito tempo o privilégio da branquitude para imaginar um feminismo de gotejamento, com seus parâmetros definidos pelo topo, devem abrir caminhos para feministas comprometidas em brigar contra o sistema e desmantelá-lo.

As feministas atualmente encaram o grande desafio da transformação: acolher adversários e compreender que eles não são inimigos, acolher uma comunidade que não requer infinitas concessões feitas por aqueles que têm menos poder, e um pragmatismo que aceita as mulheres como são e onde estão hoje. Presciente como sempre, Audre Lorde sabia sobre essa crise que nós, mulheres do futuro, iríamos enfrentar quando escreveu: "Sem comunidade não há liberação, apenas o mais vulnerável e temporário armistício entre uma indivídua e sua opressão. Mas comunidade não deve significar uma descamação de nossas diferenças nem a pretensão patética de que essas diferenças não existem."[1]

•

Quando olho ao meu redor hoje em dia, vejo muitas mulheres de cor dando as costas ao feminismo. Em alguns casos, elas estão se despedindo do feminismo branco convencional para construir movimentos mais específicos: feminismo mulçumano, feminismo negro, feminismo queer. Esses grupos menores têm um papel poderoso para desempenhar, mas nós também precisamos criar um espaço em que diferentes grupos possam trabalhar juntos em questões que afetam a todas nós — e essencialmente onde elas possam conferir igualmente umas às outras apoio por questões que não afetam a todas nós. As comunidades devem permanecer livres para ter seus próprios grupos específicos, mas isso não deve reduzir a capacidade e o potencial deles de se unir para criar políticas feministas convencionais potentes e transformadoras.

Nenhum movimento que é incapaz de fazer justiça entre seus próprios seguidores é confiável para realizar qualquer outro objetivo maior em direção à justiça. Este livro tentou enxergar com nitidez as diferentes dimensões do movimento feminista como ele é hoje, como chegou a este ponto e para onde pode ir daqui para a frente, para que cada mulher que se denomina feminista, de qualquer raça, classe, nacionalidade ou religião, possa ver um caminho adiante e um motivo para permanecer.

Agradecimentos

Uma profunda gratidão a Alane Mason, da W. W. Norton, a Hermione Thompson, da Hamish Hamilton/Penguin Random House (Reino Unido), e a Sarah Bolling, da Gernert Company.

Notas

INTRODUÇÃO: Em um bar de vinhos, um grupo de feministas

1 Gayatri Spivak. *Pode o subalterno falar?* BH: Editora UFMG, 2018.

CAPÍTULO UM: No princípio, havia as mulheres brancas

1 Bill e Melinda Gates, "Why We Swing for the Fences", *Gatesnotes*, 10 de fevereiro de 2020. Disponível em: <https://www.gatesnotes.com/2020-Annual-Letter>.
2 "Humanitarians of Tinder", https://humanitariansoftinder.com/.
3 Gertrude Bell. *Uma mulher na arábia*. Lisboa: Editora Relógio D'água, 2017.
4 Constance Gordon Cummings, *In the Himalayas and on the Indian Plains* (Chatto and Windus, 1884), 138.
5 Janet Wallach, *Desert Queen: The Extraordinary Life of Gertrude Bell, Adventurer, Advisor to Kings, Ally of Lawrence of Arabia* (Anchor Books, 1996), 80.
6 Harriet Taylor, "Enfranchisement of Women". Disponível em: <http://www.wwhp.org/Resources/WomansRights/taylor_enfranchisement.html>.
7 Taylor, "Enfranchisement".
8 Irvin Schick, "Representing Middle Eastern Women: Feminism and Colonial Discourses", *Feminist Studies*, 16, n. 4 (Verão 1990), 345.
9 Gertrude Bell, *Persian Pictures* (Anthem Travel Classics, 2005), 47.
10 Antoinette Burton, *Burdens of History: British Feminists, Indian Women and Imperial Culture 1865–1915* (University of North Carolina Press, 1994), 125.
11 Burton, *Burdens of History*, 125.
12 Nupur Chaudhuri and Margaret Strobel, eds., *Western Women and Imperialism, Complicity and Resistance* (Indiana University Press, 1996), 145.
13 Burton, *Burdens of History*, 101.
14 Burton, *Burdens of History*, 104.
15 Vron Ware, *Beyond the Pale: White Women Racism and History* (Verso, 2015), 128.
16 Padma Anagol, "Feminist Inheritances and Foremothers: The Beginnings of Feminism in Modern India", *Women's History Review* 19, n. 4 (Setembro, 2010).
17 Anagol, "Feminist Inheritances", 545.

18 Kumari Jayawardena, *Feminism and Nationalism in the Third World* (Zed Books, 1986), 88.
19 Prapti Sarkar, "Swarnakumari Devi: A Forgotten Name in Bengali Literature", *SheThePeople*, 23 de janeiro de 2020. Disponível em: <https://www.shethepeople.tv/sepia-stories/author-swarnakumari-devi-bengali-literature/>.
20 Sarkar, "Swarnakumari Devi".
21 Chaudhuri and Strobel, *Western Women and Imperialism*, 42.
22 Burton, *Burdens of History*, 54.
23 Burton, *Burdens of History*, 55.
24 Karthika Nair, "Sarojini Naidu: The Nightingale of India", *Feminism in India*, 22 de março de 2017. Disponível em: <https://www.tandfonline.com/doi/abs/10.1080/09612025.2010.502398>.
25 The Open University, "Dhanvati Rama Rau", *Making Britain: Discover How South Asians Shaped the Nation 1870–1950*. Disponível em: <http://www.open.ac.uk/researchprojects/makingbritain/content/dhanvanthi-rama-rau>.
26 Nair, "Sarojini Naidu".

CAPÍTULO DOIS: A solidariedade é uma mentira?

1 Jeanne Madeline Weimann, *The Fair Women: The Story of the Women's Building at the World's Colombian Exposition at the Chicago World's Fair 1893* (Academy Chicago Publishers, 1981).
2 Ida B. Wells and Frederick Douglass, *The Reason Why the Colored American Is Not in the World's Columbian Exposition: The Afro-American's Contribution to Columbian Literature* (Chicago, s.p., 1893), 73.
3 Weimann, Fair Women, 50.
4 Barbara Ballard, "A People Without a Nation", parte de *Living History of Illinois Project*. Disponível em: <http://livinghistoryofillinois.com/pdf_files/African%20Americans%20at%20the%201893%20Worlds%20Columbian%20Exposition,%20A%20People%20Without%20a%20Nation.pdf>.
5 Martha Jones, "For Black Women the 19th Amendment Didn't End Their Fight for the Vote", National Geographic, Agosto de 2020. Disponível em: <https://www.nationalgeographic.com/history/2020/08/black-women-continued-fighting-for-vote-after-19th-amendment/>.
6 Jones, "19th Amendment".
7 Jones, "19th Amendment".
8 Jones, "19th Amendment".
9 Simone de Beauvoir. *O segundo sexo*. RJ: Nova Fronteira, 2012.
10 Margaret Simons, "Beauvoir and the Problem of Racism", em *Philosophers on Race: Critical Essays*, eds. Julie Ward and Tommy Lott (Wiley-Blackwell, 2002), 260.
11 Simons, "Beauvoir".
12 Simone de Beauvoir. *O segundo sexo*. RJ: Nova Fronteira, 2012.
13 Simone de Beauvoir. *O segundo sexo*. RJ: Nova Fronteira, 2012.

14 Betty Friedan, "No Gods, No Goddesses", *Saturday Review*, 14 de junho de 1975.
15 Catharine B. Stimpson, Alix Kates Shulman, Kate Millett, "Sexual Politics: Twenty Years Later", *Women's Studies Quarterly 19*, n.3; (Outono/Inverno 1991), 30.
16 Stimpson et al., "Twenty Years Later", 34.
17 Kate Millett, *Going to Iran* (Coward McCann and Geoghan, 1982), 123.
18 Millett, *Going to Iran*, 123.
19 Millett, *Going to Iran*, 92.
20 Millett, *Going to Iran*, 186.

CAPÍTULO TRÊS: O complexo industrial do salvador branco e a feminista ingrata de pele marrom

1 Anne-Marie Calves, "Empowerment: The History of a Key Concept in Contemporary Development Discourse", *Revue Tiere-Monde* 200, n. 4 (2009), 735.
2 Gita Sen e Caren Grown. *Desenvolvimento, crises e visões alternativas: perspectivas das mulheres no terceiro mundo*. RJ: Editora Espaço e Tempo, 1988.
3 Gita Sen e Caren Grown. *Desenvolvimento, crises e visões alternativas: perspectivas das mulheres no terceiro mundo*. RJ: Editora Espaço e Tempo, 1988.
4 Gita Sen e Caren Grown. *Desenvolvimento, crises e visões alternativas: perspectivas das mulheres no terceiro mundo*. RJ: Editora Espaço e Tempo, 1988.
5 "Platform for Action", Fourth United Nations Conference for Women, 1995. Disponível em: <https://www.un.org/womenwatch/daw/beijing/platform/>.
6 Rafia Zakaria, "It Will Take More Than Laws to End Honor Killings in Pakistan", CNN, 28 de março de 2019. Disponível em: <https://www.cnn.com/2019/03/28/opinions/pakistan-honor-killings-afzal-kohistani-zakaria/index.html>.
7 Nimmi Gowrinathan, Rafia Zakaria, e Kate Cronin-Furman, "Emissaries of Empowerment", Universidade da Cidade de Nova York, Colin Powell School for Civic and Global Leadership, setembro de 2017. Disponível em: <https://www.ccny.cuny.edu/colinpowellschool/emissaries-empowerment>.
8 Zakaria, Gowrinathan, e Cronin-Furman, "Emissaries of Empowerment."
9 Ginger Ging-Dwan Boyd, "The Girl Effect: A Neoliberal Instrumentalization of Gender Equity", *Consilience* (2016), 455.
10 S. Batliwala, "Taking the Power Out of Empowerment: An Experimental Account", *Development in Practice* (2007), 557.
11 Batliwala, "Taking the Power".
12 Batliwala, "Taking the Power".
13 Rafia Zakaria, "The Myth of Empowerment", *New York Times*, 5 de outubro de 2017. Disponível em: <https://www.nytimes.com/2017/10/05/opinion/the-myth-of-womens-empowerment.html>.

14 Hanlon Joseph e Teresa Smart, "Why Bill Gates' Chickens Will Not End African Poverty", London School of Economics (blog), 19 de julho de 2016. Disponível em: <https://blogs.lse.ac.uk/africaatlse/2016/07/19/will-bill-gates-chickens-end-africanpoverty/>.
15 James Vincent, "Bolivia Rejects 'Offensive' Chicken Donation from Bill Gates", *The Verge*, 16 de junho de 2016. Disponível em: <https://www.theverge.com/2016/6/16/11952200/bill-gates-bolivia-chickens-refused>.
16 Matthew Davies, "Bill Gates Launches Chicken Plan to Help Africa Poor", *BBC*, 6 de junho de 2016. Disponível em: <https://www.bbc.com/news/world-africa-36487536>.
17 Loubna Hanna Skalli, "The 'Girl Factor' and the Insecurity of Coloniality: A View from the Middle East", *Alternatives: Global, Local and Political* 40, n. 2 (2015).
18 Rod Nordland, Ash Ngu, e Fahim Abed, "How the U.S Government Misleads the Public on Afghanistan", *The New York Times*, 8 de setembro de 2018.
19 Special Instructor General for Afghanistan Reconstruction, *Quarterly Report to the United States Congress*, 30 de outubro de 2016. Disponível em: <https://www.sigar.mil/pdf/quarterlyreports/2016-10-30qr.pdf>.
20 Thomas Dichter, "Is There a Foreign Aid Industrial Complex?" Medium, 8 de agosto de 2016. Disponível em: <https://medium.com/@DichterThomas/is-there-a-foreign-aid-industrial-complex-1be4e9c03047>.
21 Nick Routley, "Mapping the Global Flow of Foreign Aid", Visual Capitalist, Disponível em: <https://www.visualcapitalist.com/mapping-the-global-flow-of-foreign-aid/>.
22 Angela Bruce-Raeburn, "International Aid Has a Race Problem", DevEx, 17 de maio de 2019. Disponível em: <https://www.devex.com/news/opinion-international-development-has-a-race-problem-94840>.
23 Corinne Gray, "Doing Good and Being Racist", *The New Humanitarian*, 15 de junho de 2020. Disponível em: <https://www.thenewhumanitarian.org/opinion/2020/06/15/United-Nations-racism-black-lives-matter>.
24 Thalif Deen, "Survey Reveals Widespread Racism at the UN", IPS, 21 de Agosto de 2020. Disponível em: <http://www.ipsnews.net/2020/08/staff-surveys-reveal-widespread-racism-united-nations/>.
25 Colum Lynch, "UN Reverses Ban on Staff Participation in Protests After Widespread Outcry", *Foreign Policy*, 8 de junho de 2020. Disponível em: <https://foreignpolicy.com/2020/06/08/united-nations-staff-george-floyd-protests/>.
26 Routley, "Mapping the Global Flow".
27 Gita Sen, "The Changing Landscape of Feminist Organizing Since Beijing", UN Women Expert Group Meeting, Sixty-Fourth Session of the Commission on the Status of Women, setembro de 2019. Disponível em: <https://www.unwomen.org/-/media/headquarters/attachments/sections/csw/64/egm/sen%20gexpert%20paperdraftegmb25ep10.pdf?la=en&vs=5416>.

28 Sen, "Changing Landscape".
29 Liz Ford, "US May Go Cheek by Jowl with Human Rights Abusers", *Guardian*, 12 de maio de 2017. Disponível em: <https://www.theguardian.com/globaldevelopment/2017/mar/13/us-cheek-by-jowl-womens-rights-abusers-gender-talks-un-commission-on-the-status-of--women-new-york>.
30 UN Economic and Social Council, "Political Declaration on the Occasion of the Twenty-Fifth Anniversary of the Fourth World Conference on Women", 2 de março de 2020. Disponível em: <https://undocs.org/en/E/CN.6/2020/L.1>.

CAPÍTULO QUATRO: Feministas brancas e guerras feministas

1 Greg Miller, "In *Zero Dark Thirty* She Is the Hero: In Real Life the CIA Agent's Life Is More Complicated", *Washington Post*, 10 de dezembro de 2012. Disponível em: <https://www.washingtonpost.com/world/national-security/in-zero-dark-thirty-shes-the-hero-in-real-life-cia--agents-career-is-more-complicated/2012/12/10/cedc227e-42dd-11e2-9648-a2c323a991d6_story.html>.
2 Joana Cook, *A Woman's Place: US Counterterrorism since 9/11* (Hurst Publishers, 2019), 66.
3 Jim Garamone, "'I Am an American Soldier Too', Lynch to Rescuers", *American Forces Press Service*, 5 de abril de 2003. Disponível em: <https://www.af.mil/News/Article-Display/Article/139561/lynch-to-rescuers-im-an-american-soldier-too/>.
4 Veronique Pin-Fat e Maria Stern, "The Scripting of Private Jessica Lynch: Biopolitics, Gender and the Feminization of the U.S. Military", *Alternatives* 30 (2005), 25– 56.
5 Cook, *A Woman's Place*, 71.
6 Pankaj Mishra, *Bland Fanatics* (Farrar Straus & Giroux, 2020).
7 Lila Abu-Lughod, As mulheres muçulmanas precisam realmente de salvação? In: *Revista Estudos Feministas*, vol. 20, n. 2 (maio-agosto/2012). Disponível em: <https://periodicos.ufsc.br/index.php/ref/issue/view/1905>.
8 Rafia Zakaria, "Clothes and Daggers", *Aeon*, 8 de setembro de 2015. Disponível em: <https://aeon.co/essays/ban-the-burqa-scrap-the-sari--why-women-s-clothing-matters>.
9 George W. Bush, "Rights and Aspirations of the People of Afghanistan", White House Archives of President George W. Bush. Disponível em: <https://georgewbush-whitehouse.archives.gov/infocus/afghanistan/text/20040708.html>.
10 Andrew Kramer, "Shelters Have Saved Countless Afghan Women: So Why Are They Afraid?" *The New York Times*, 17 de março de 2018. Disponível em: <https://www.nytimes.com/2018/03/17/world/asia/afghanistan-womens-shelters.html>.
11 "Afghan Death Toll Hits Record High", BBC, 24 de fevereiro de 2019. Disponível em: <https://www.bbc.com/news/world-asia-47347958>.

12 George W. Bush, "Fact Sheet: President Bush Seeks a "Forward Strategy of Freedom: to Promote Democracy in the Middle East", White House Archives for George W. Bush. Disponível em: <https://georgewbush--whitehouse.archives.gov/news/releases/2003/11/20031106-11.html>.
13 Cook, *A Woman's Place*, 252.
14 Ahmadi Belquis e Sadaf Lakhani, "Afghan Women and Violent Extremism: Colluding, Perpetrating, or Preventing?", United States Institute of Peace, novembro de 2016. Disponível em: <https://www.usip.org/sites/default/files/SR396-Afghan-Women-and-Violent-Extremism.pdf>.
15 Mark Mazzeti, "Vaccination Ruse Used in Pursuit of Bin Laden", *The New York Times*, 12 de julho de 2011. Disponível em: <https://www.nytimes.com/2011/07/12/world/asia/12dna.html>.
16 "Polio Eradication: The CIA and Their Unintended Victims", *Lancet* 383, n. 9.932 (Maio de 2014). Disponível em: <https://www.thelancet.com/journals/lancet/article/PIIS0140-6736(14)60900-4/fulltext>.
17 Tim McGirk, "How the Bin Laden Raid Put Vaccinators Under the Gun in Pakistan", *National Geographic*, fevereiro de 2015. Disponível em: <https://www.nationalgeographic.com/news/2015/02/150225-polio--pakistan-vaccination-virus-health/>.
18 Nina Zhu, Elizabeth Allen, Anne Kearns, Jacqueline Caglia, "Lady Health Worker Program Pakistan: Improving Access to Healthcare for Rural Women and Families", Harvard School of Public Health, maio de 2014. Disponível em: <https://cdn2.sph.harvard edu/wp-content/uploads/sites/32/2014/09/HSPH-Pakistan5.pdf>.
19 Jon Boone, "Polio Vaccinator's Murder by Militants Raises Health Workers' Fears", *The Guardian*, 25 de março de 2014. Disponível em: <https://www.theguardian.com/society/2014/mar/25/pakistan-polo--vaccinators-murder-militants-salma-farooqi>.
20 Boone, "Polio Vaccinator's Murder".
21 Srdjan Vucatic, "The Uneasy Co-Existence of Arms Trade and Feminist Foreign Policy", *The Conversation*, 8 de abril de 2018. Disponível em: <https://theconversation.com/the-uneasy-co-existence-of-arms-exports-and-feminist-foreign-policy-93930>.
22 Vijay Prashad, "How Can Sweden Be a Peace Broker If It's Also Selling the Arms That Make the War in Yemen Possible?" *Salon*, 4 de setembro de 2019. Disponível em: <https://www.salon.com/2019/09/04/how-can-sweden-be-a-peace-broker-for-the-war-in-yemen-if-its-also--selling-the-arms-that-make-it-possible_partner/>.
23 Susanne Courtney, "Canada's Feminist Foreign Aid Policy Is Not Making Much Progress Toward a Gender Equal World", *National Post*, 30 de outubro de 2018. Disponível em: <https://nationalpost.com/news/politics/canadas-feminist-foreign-aid-policy-isnt-making-much-progress-on-a-gender-equal-world>.
24 Mersiha Gadzo, "Canadian Rights Groups Urge Trudeau to End Saudi Arms Sales", *Al Jazeera*, 21 de setembro de 2020. Disponível em: <https://www.aljazeera.com/news/2020/9/21/canadian-rights-groups--urge-trudeau-to-end-saudi-arms-sales>.

25 Leyland Cecco, "Canada Doubles Weapons Sales to Saudi Arabia Despite Moratorium", *Guardian*, 9 de junho de 2020. Disponível em: <https://www.theguardian.com/world/2020/jun/09/canada-doubles-weapons-sales-to-saudi-arabia-despite-moratorium>.
26 Vucatic, "Uneasy Co-Existence".
27 Alissa Rubin, "A Thin Line of Defense Against Honor Killing", *The New York Times*, 3 de março de 2015. Disponível em: <https://www.nytimes.com/2015/03/03/world/asia/afghanistan-a-thin-line-of-defense-against-honor-killings.html>.
28 "Afghan Casualties Hit Record High", *UN News*, 14 de fevereiro de 2016. Disponível em: <https://news.un.org/en/story/2016/02/522212-afghan-casualties-hit-record-high-11000-2015-un-report>.
29 Åsne Seierstad. *O livreiro de Cabul*. RJ: Editora Record, 2006.
30 Rod Nordland. *Os amantes*. RJ: Harper Collins, 2016.
31 Sheila Weller, *The News Sorority: Diane Sawyer, Katie Couric, Christiane Amanpour and the (Ongoing, Imperfect, Complicated) Triumph of Women in TV News* (Penguin Books, 2015), 242.
32 Lynsey Addario, *Of Love and War* (Penguin Press, 2018).
33 Rachel Lowry, "New Study Shows Gender Disparity in Photojournalism Is Real", *Time*, 25 de setembro de 2015.
34 Lynsey Addario. *É isso que eu faço: uma vida de amor e guerra*. RJ: Intrínseca, 2016.
35 Disponível em: <https://thewire.in/media/afghan-girl-steve-mccurry-national-geographic>.
36 Katherine Zoepf, "Islamic Revival in Syria Is Led by Women", *The New York Times*, 9 de Agosto de 2006.
37 Lynsey Addario. *É isso que eu faço: uma vida de amor e guerra*. RJ: Intrínseca, 2016.

CAPÍTULO CINCO: Liberação sexual é empoderamento feminino

1 Kristina Gupta, "Compulsory Sexuality: An Emerging Concept", *Signs: A Feminist Journal* (2015).
2 The New York Times Review of Books, "Gloria Steinem; By the Book", 1º de novembro de 2015. Disponível em: <https://www.nytimes.com/2015/11/01/books/review/gloria-steinem-by-the-book.html>.
3 Steinem assinou a carta da Maioria Feminina pedindo ao Presidente Bush para "por favor, fazer alguma coisa" em relação às mulheres no Afeganistão após o 11 de Setembro.
4 Elizabeth Mesok, "Sexual Violence and the U.S.: Military Feminism, U.S. Empire and the Failure of Liberal Equality", *Feminist Studies* 42, n. 1 (2016), 2016.
5 Ahmadi Belquis e Sadaf Lakhani, "Afghan Women and Violent Extremism: Colluding, Perpetrating, or Preventing?" United States Institute of Peace, novembro de 2016. Disponível em: <https://www.usip.org/sites/default/files/SR396-Afghan-Women-and-Violent-Extremism.pdf>.

6   Rafia Zakaria, "Women and Islamic Militancy", *Dissent* (2015). Disponível em: <https://www.dissentmagazine.org/article/why-women-choose-isis-islamic-militancy>.
7   Michael Walzer, "Debating Michael Walzer's 'Islamism and the Left'", *Fathom* (2015). Disponível em: <https://fathomjournal.org/debating-michael-walzers-islamism-and-the-left/>.
8   Carrie Hartnett, Veronica Phifer, Danielle LaGrande, Michaelma LeTourneau, "Advertising and Gender Roles" (1957–77) *Picturing U.S. History*, Disponível em: <https://picturingamerica142762412.wordpress.com/2018/04/18/advertising-and-gender-roles-1957-1977/>.
9   Aqui, estou usando a estrutura de "onda" para tornar a cronologia mais fácil de compreender. Discordo do uso desse paradigma, porque ele estabelece as mulheres brancas e ocidentais e seus movimentos como centrais na história do feminismo inteiro.
10 Margalit Fox, "Helen Gurley Brown, Who Gave 'Single Girl' a Life in Full, Dies at 90", *The New York Times*, 14 de agosto de 2012. Disponível em: <https://www.nytimes.com/2012/08/14/business/media/helen-gurley-brown-who-gave-cosmopolitan-its-purr-is-dead-at-90.html>.
11 Jodi Dean, "Critique or Collectivity: Communicative Capitalism and the Subject of Politics" in Digital Objects Digital Subjects, David Chandler and Christian Fuchs, eds. (University of Westminster Press, 2019), 171–182.
12 Jada Smith, "A Sex and the City for African Viewers", *The New York Times*, 14 de agosto de 2016. Disponível em: <https://www.nytimes.com/2016/08/14/fashion/an-african-city-sex-and-the-city.html>.
13 Julie Turkewitz, "Bold Women, Scandalized Viewers: It's Sex and the City Senegal Style", *The New York Times*, 22 de agosto de 2019. Disponível em: <https://www.nytimes.com/2019/08/22/world/africa/senegal-mistress-of-a-married-man.html>.
14 Turkewitz, "Bold Women, Scandalized Viewers".
15 Alisha Haridasani Gupta, "With Four More Shots Please! India Gets Its Own Sex and the City", *The New York Times*, 6 de maio de 2020.
16 Turkewitz, "Bold Women, Scandalized Viewers."
17 Durba Mitra, *Indian Sex Lives: Sexuality and the Colonial Origins of Modern Social Thought* (Harvard University Press, 2020), 74.
18 Mitra, *Indian Sex Lives*, 73.
19 Muito mais sobre essa questão no próximo capítulo.
20 Mitra, *Indian Sex Lives*, 69.
21 Mitra, *Indian Sex Lives*, 100.
22 Muito mais sobre essa questão no próximo capítulo.
23 Raka Shome, "Global Motherhood: The Transnational Intimacies of White Femininity", *Critical Studies in Media Communication*, 28, n. 5 (dezembro 2011).
24 Shome, "Global Motherhood".
25 Treva Lindsey, "Black Women Have Consistently Been Trailblazers for Social Change: Why Are They So Often Relegated to the Margins?" *Time*, 22 de julho de 2020. Disponível em: <https://time.com/5869662/black-women-social-change/>.

26 "#MeToo Movement Founder Tarana Burke Blasts Movement for Ignoring Poor Women", *Detroit Free Press*, 15 de novembro de 2018. Disponível em: <https://www.freep.com/story/news/columnists/rochelle-riley/2018/11/15/tarana-burke-metoo-movement/2010310002/>.
27 "The Problem with the 'Rainbow-Washing' of LGBTQ+Pride", *Wired*, 21 de junho de 2018. Disponível em: <https://www.wired.com/story/lgbtq-pride-consumerism/>.
28 *Wired*, "Problem with Rainbow-Washing."
29 "Dress Coded: Black Girls, Bodies, and Bias in DC Schools", *National Women's Law Center*, abril de 2018. Disponível em: <https://nwlc-ciw49tixgw5lbab.stackpathdns.com/wp-content /uploads/2018/04/Final_nwlc_DressCodeReport.pdf>.
30 Alaa Elassar, "Muslim Athlete Disqualified from High School Volleyball Match for Wearing Hijab", *CNN*, 27 de setembro de 2020. Disponível em: <https://www.cnn.com/2020/09/27/us/hijab-volleyball-disqualified-nashville-trnd/index.html>.
31 Madison Carter, "Student Says Principal Forced Her to Remove Hijab and Prove Religion", *ABC News*. Disponível em: <https://www.wkbw.com/news/local-news/student-says-principal-forced-her-to-remove-hijab-and-prove-religion>.
32 Alaa Elassar, "Muslim Woman Arrested at Black Lives Matter Protest Forced to Remove Hijab for Mugshot", *CBS News*, 25 de junho de 2020. Disponível em: <https://cbs12.com/news/local/muslim-woman-arrested-at-black-lives-matter-protest-forced-to-remove-hijab-for-mugshot>.
33 Linda Hirshman, *Get to Work: And Get a Life Before It's Too Late* (Penguin Random House, 2007).
34 Michaele Ferguson, "Choice Feminism and the Fear of Politics", *American Political Science Association Journal* 5, n. 1 (março 2010).

CAPÍTULO SEIS: Crimes de honra, MGF e supremacia feminista branca

1 Intervenção oral da Human Rights Watch na 57ª sessão da Comissão da ONU. "Violence Against Women and 'Honour' Crimes' Item 12-Integration of the human rights of women and the gender perspective; on Human Rights (6 de abril de 2001).
2 Bernard S. Cohn, *Colonialism and Its Forms of Knowledge: The British in India* (Princeton University Press, 1996), 10–11. Há paralelos entre a criação do Estado colonial com o uso de dados e vigilância e entre a criação contemporânea do estado de cárcere, que envolve os mesmos mecanismos e usos de dados criando diretrizes de sentenças que tratam réus negros de forma diferente.
3 Padma Anagol, "The Emergence of the Female Criminal in India: Infanticide and Survival Under the Raj", *History Workshop Journal* 63 (2002), 73.
4 Clare Anderson, "The British Empire 1789 to 1839", in *A Global History of Convicts and Penal Colonies* (Bloomsbury Academic Press, 2016).

5   Indian Law Commission and Thomas Macaulay, *The Indian Penal Code as Originally Intended* (1837), 272.
6   Sally Sheldon, "The Decriminalisation of Abortion: An Argument for Modernisation", *Oxford Journal of Legal Studies* 36, n. 2 (2016), 334– 365.
7   D.J.R. Grey, "Gender in Late Nineteenth Century India", in *Transnational Penal Cultures: New Perspectives in Discipline, Punishment and Desistance*, eds. Vivien Miller and James Campbell (Routledge, 2018), 40.
8   D.J.R. Grey, "Gender in Late Nineteenth Century India", 43.
9   Anagol, "Emergence of the Female Criminal".
10 Anagol cita o número de quatro-quintos de todas as mulheres presas.
11 Clare Anderson, *Convicts in the Indian Ocean: Transportation from South Asia to Mauritius 1815– 53* (Macmillan, 2000); Anagol, "Emergence of the Female Criminal".
12 Anagol, "Emergence of the Female Criminal".
13 Margaret Arnot, "Understanding Women Committing Newborn Child Murders in Victorian England", em *Everyday Violence in Britain 1850– 1950* (Longman Publishers, 2020), 55.
14 Deve-se notar que o crime de "infanticídio feminino" existe separado do infanticídio geral e foi usado para convencer grupos e líderes de tribos a pararem com a prática. Todos os infanticídios podiam ter sido tratados da mesma forma, mas os britânicos decidiram não o fazer.
15 Pompa Bannerjee, *Burning Women: Widows, Witches and Early Modern European Travelers to India* (Palgrave MacMillan, 2003).
16 Norberts Schurer, "The Impartial Spectator of Sati 1757– 84" *Eighteenth-Century Studies* 42 n. 1 (Fall 2008).
17 Grey, "Gender in Late Nineteenth Century India", 4.
18 "Hindoo Widows", *London Magazine* 9 (dezembro 1827), 544.
19 William Bowley, "Another Suttee Rescued", *Missionary Register*, julho de 1829.
20 Jules Verne, *A volta ao mundo em oitenta dias* (diversas editoras), capítulo 12.
21 Gayatri Spivak, *Pode o subalterno falar?* BH: Editora UFMG, 2018.
22 Lata Mani, *Contentious Traditions: The Debate on Sati in Colonial India* (University of California Press, 1998).
23 Shakeel Anwar, "Development of Judicial System During British India", *Jagran Josh*, 12 de fevereiro de 2018. Disponível em: <https://www.jagranjosh.com/general-knowledge/development-of-judicial-system-during-british-india-1518441346-1>.
24 Tahir Wasti, *The Application of Islamic Criminal Law in Pakistan* (Brill Publishers, 2009). Disponível em: <https://brill.com/view/book/9789047425724/Bej.9789004172258.i-408_013.xml>.
25 Rafia Zakaria, "It Will Take More Than Laws to End Honor Killings in Pakistan", *CNN*, 28 de março de 2019. Disponível em: <https://www.cnn.com/2019/03/28/opinions/pakistan-honor-killings-afzal-kohistani-zakaria/index.html>; Nabih Bulos, "After Woman's Brutal Killing by Her Father, Jordan Asks at What Price 'Honor'" *Los*

Angeles Times, 28 de julho de 2020. Disponível em: <https://www.latimes.com/world-nation/story/2020-07-28/jordan-honor-killing-protests-violence-against-women>; "India Struggles to Stem Rise in 'Honor Killings'" *All Things Considered*, NPR, 27 de julho de 2010. Disponível em: <https://www.npr.org/templates/story/story.php?storyId=128567642>.

26 Essa é uma referência geral aos tipos de casos em que ocorrem os crimes de honra.

27 Rothna Begum, "How to End 'Honor' Killings in Jordan", *Human Rights Watch*. Disponível em: <https://www.hrw.org/news/2017/04/03/how-end-honor-killings>-jordan; Raghda Obeidat, "Jordan's Struggle to Erase the Stain of Honor Crimes", News Decoder, 22 de maio de 2019. Disponível em: < https://news-decoder.com/honor-crimes-jordan-reform/>.

28 Donna Coker, "Heat of Passion and Wife Killing: Men Who Batter/Men Who Kill", *Gender Race Class Equity and Criminal Law Project* (janeiro de 1992). Disponível em: <https://www.researchgate.net/publication/314892172_Heat_of_Passion_and_Wife_Killing_Men_Who_BatterMen_Who_Kill>.

29 Courtney Smith, "Who Defines 'Mutilation'? Challenging Imperialism in the Discourse on Female Genital Cutting", *Feminist Formations* (2011).

30 Smith, "Who Defines 'Mutilation'?"

31 Saida Hodzic, *The Twilight of Cutting: African Activism and Life After NGOs* (University of California Press, 2017), 104.

32 Hodzic, *The Twilight of Cutting*, 131.

33 Smith, "Who Defines 'Mutilation'?"

34 Sara Johnsdotter, "Meaning Well and Doing Harm: Compulsory Genital Examinations of Swedish African Girls", *Sexual and Reproductive Health Matters* 27, n. 2 (2019).

35 Rebecca Ratcliffe, "FGM Rates Fall from 71 Percent to 8 Percent in Africa, Study Shows", *Guardian*, 7 de novembro de 2018. Disponível em: <https://www.theguardian.com/global-development/2018/nov/07/fgm-rates-in-east-africa-drop-20-years-study-shows>.

36 "Special Agents Renew Efforts to Fight Female Genital Mutilation at Dulles Airport", *ICE Press Release*, 14 de junho de 2019. Disponível em: <https://www.ice.gov/news/releases/special-agents-renew-efforts-against-female-genital-mutilation-dulles-airport>.

37 Rafia Zakaria, "Weaponized Bodies: FGM as a Pretext for Exclusion", *Adi*. Disponível em: <https://adimagazine.com/articles/weaponized-bodies/>.

38 Howard Goldberg PhD, et al., "Female Genital Mutilation/ Cutting: Updated Estimates of Women and Girls at Risk", *Public Health Reports* 131, n. 2 (2016), 340. Disponível em: <https://www.ncbi.nlm.nih.gov/pmc/articles/PMC4765983/>.

39 ICE, "Special Agents Renew Efforts".

40 Não se sabe por que a administração de Trump implantou os programas nos aeroportos em vez de em vias não punitivas em que as mu-

lheres e garotas podem confiar de verdade em quem interage com elas sem medo.
41 "FBI and ICE Commended for Fighting FGM at World Policing Awards", *Homeland Security Today*, 21 de novembro de 2019. Disponível em: <https://www.hstoday.us/subject-matter-areas/customs-immigration/ice-fbi-commended-at-world-policing-awards-for-fighting-female-genital-mutilation/>.
42 Independent Medical Review Team, "Executive Summary of Medical Abuse Findings About Irwin Detention Center", 21 de outubro de 2020. Disponível em: <https://www.scribd.com/document/481646674/Executive-Summary-of-Medical-Abuse-Findings-About-Irwin-Detention-Center/>.
43 Associated Press, "US Deports Migrant Women Who Alleged Abuse by Georgia Doctor", *NBC News*, 11 de novembro de 2020. Disponível em: <https://www.nbcnews.com/news/us-news/u-s-deports-migrant-women-who-alleged-abuse-georgia-doctor-n1247372>.
44 Diana Gonzalez, "Forced Sterilizations: A Long and Sordid History", 18 de março de 2016, *American Civil Liberties Union of Southern California*. Disponível em: <https://www.aclusocal.org/en/news/forced-sterilizations-long-and-sordid-history>.

CAPÍTULO SETE: "Eu construí um templo feminista branco"

1 Audre Lorde, "The Master's Tools Will Never Dismantle the Master's House". Disponível em: <http://s18.middlebury.edu/AMST0325A/Lorde_The_Masters_Tools.pdf>.
2 Kimberlé Crenshaw, "Demarginalizing the Intersection of Race and Sex: A Black Feminist Critique of Antidiscrimination Doctrine, Feminist Theory and Antiracist Politics", *University of Chicago Legal Forum* 1989, n. 1. Disponível em: <https://chicagounbound.uchicago.edu/cgi/viewcontent.cgi?article=1052&context=uclf>.
3 *Moore vs Hugh Helicopters*, 708 F.2d 475, United States Court of Appeals of the Ninth Circuit, junho 1983.
4 *Moore vs. Hugh Helicopters*.
5 Crenshaw, "Demarginalizing", 140.
6 Leslie McCall, "The Complexity of Intersectionality", *Signs* 30, n. 3 (2005), 1771.
7 Christina Bose, "Intersectionality and Global Gender Equality", *Gender and Society* (January 2012), 67.
8 Momin Rahman, "Queer as Intersectionality: Theorizing Gay Muslim Identities", *Sociology* 44, n. 5 (2010), 944.
9 Crenshaw, "Demarginalizing", 154.
10 Layla Saad, "I Built a White Feminist Temple and Now I Am Taking It Down", Layla F. Saad, 19 de novembro de 2017. Disponível em: <http://laylafsaad.com/poetry-prose/white-feminist-temple>.

CAPÍTULO OITO: Da desconstrução à reconstrução

1 Emily Shugerman, "Don't Forget the White Women: Members Say Racism Ran Rampant at NOW", *Daily Beast*, 12 de agosto de 2020. Disponível em: <https://www.thedailybeast.com/national-organization-for-women-members-say-racism-ran-rampant/>.
2 National Organization of Women, "Structures and By-Laws". Disponível em: <https://now.org/about/structure-and-bylaws/structure-of-now/>.
3 Caroline Kitchener, "How Many Young Women Have to Cry?: Top Feminist Organizations Are Plagued by Racism, 20 Staffers Say", *Lily*, 13 de julho de 2020. Disponível em: <https://www.thelily.com/how-many-women-of-color-have-to-cry-top-feminist-organizations-are-plagued-by-racism-20-former-staffers-say/>.
4 Kitchener, "How Many Young Women".
5 Kitchener, "How Many Young Women".
6 Kitchener, "How Many Young Women".
7 Audre Lorde, "The Uses of Anger: Women Responding to Racism", Keynote Address to the National Women's Studies Association, published in *Women's Studies Quarterly* 9, n. 3 (Fall 1981), 6–9.
8 Shugerman, "Don't Forget the White Women".
9 Abby Disney Podcast. Disponível em: <https://www.forkfilms.com/all-ears/?event=kimberle-crenshaw>.
10 "Poverty Rate by Race/Ethnicity", statistics collected by the Kaiser Family Foundation. Disponível em: <https://www.kff.org/other/state-indicator/poverty-rate-byraceethnicity/?currentTimeframe=0&sortModel=%7B%22colId%22:%22Location%22,%22sort%22:%22asc%22%7D>.
11 "The State of Working America", Economic Policy Institute. Disponível em: <http://www.stateofworkingamerica.org/index.html%3Fp=4193.html>.
12 Robin Bleweis et al., "The Basic Facts About Women in Poverty", Fact Sheet, Center for American Progress, 3 de agosto de 2020. Disponível em: <https://www.americanprogress.org/issues/women/reports/2020/08/03/488536/basic-facts-women-poverty/>.
13 Bleweis et al., "The Basic Facts".
14 Dierdre Woods, "Invisible Women: Hunger, Poverty, Racism and Gender in the UK", Right to Food and Nutrition Watch. Disponível em: <https://www.righttofoodandnutrition.org/files/rtfn-watch11-2019_eng-26-32.pdf>.
15 "Intersecting Inequalities: The Impact of Austerity on Black and Ethnic Minority Women in the UK", Runnymede Trust. Disponível em: <https://www.runnymedetrust.org/uploads/Executive-Summary-Intersecting-Inequalities-October-2017.pdf>.
16 Nancy Fraser e Axel Honneth, *Redistribution or Recognition: A Political-Philosophical Exchange* (Verso 2003).
17 Fraser e Honneth, *Redistribution*, 18.
18 Lorde, "Uses of Anger", 6.

19 Aurielle Marie-Lucier, "Women's March on Washington: To White Women Who Were Allowed to 'Resist' While We Survived Passive Racism", *Essence*, 23 de janeiro de 2017. Disponível em: <https://www.essence.com/holidays/black-history-month/white-women-racism-womens-march-washington-privilege/>.

20 Adrienne Milner, "Colour-Blind Racism and the Women's March 2017: White Feminism, Activism and Lessons for the Left", em *The Fire Now: Anti-Racist Scholarship in Times of Explicit Racist Violence* (Zed Books, 2018), 86.

21 Milner, "Colour-Blind Racism", 86.

22 Emma Kate Symons, "The Agenda for the Women's March Has Been Hijacked by Organizers Bent on Highlighting Women's Differences", *New York Times*, 19 de janeiro de 2017.

23 Erin Delmore, "This Is How Women Voters Decided the 2020 Election", *NBC News*, 13 de novembro de 2020. Disponível em: <https://www.nbcnews.com/know-your-value/feature/how-women-voters-decided-2020-election-ncna1247746>.

24 Marisa J. Lang, "Nobody Needs Another Pink Hat: Why the Women's March Has Been Struggling for Relevance", *Washington Post*, 12 de janeiro de 2020. Disponível em: <https://www.washingtonpost.com/local/the-womens-march-sparked-a-resistance-three-years-later-its-a-movement-struggling-to-find-relevance/2020/01/11/344ccf22-3323-11ea-a053-dc6d944ba776_story.html>.

25 Crenshaw, "De-Marginalizing", 154.

26 Gita Sen e Caren Grown. *Desenvolvimento, crises e visões alternativas: perspectivas das mulheres no terceiro mundo*. RJ: Editora Espaço e Tempo, 1988.

27 Nimmi Gowrinathan, Kate Cronin-Furman, Rafia Zakaria, "Emissaries of Empowerment", *Deviarchy*, Disponível em: <https://www.deviarchy.com/emissaries-of-empowerment/>.

28 Chantal Mouffe, *For a Left Populism* (Verso 2019), 4.

CONCLUSÃO: Sobre medo e futuros

1 Audre Lorde, "The Master's Tools Will Never Dismantle the Master's House". Disponível em: <http://s18.middlebury.edu/AMST0325A/Lorde_The_Masters_Tools.pdf>.

Índice

"Abrigos salvaram inúmeras mulheres afegãs" (artigo), 118-119
A hora mais escura (filme), 109-111, 116, 126
A volta ao mundo em oitenta dias (Verne), 197
A Woman's Place: US Counterterrorism Since 9/11 (Cook), 112
Abercrombie, Alexander, 167
aborto. *Ver* direitos reprodutivos
abrigos de mulheres, 16, 115, 119-120, 130
abrigos, 18, 118-119, 130
Abu-Lughod, Lila, 117
academia, 143-4, 148-150, 173-74, 185, 231-232
acomodação, 262
Addario, Lynsey, 134, 135-140
Adoption Help International, 172
Afeganistão, 100-101, 119-120, 130-137, 202. *Ver também* Guerra ao Terror e feminismo
Afridi, Shakil, 124
Agência dos Estados Unidos para o Desenvolvimento Internacional (USAID), 100-102
Ahmad, Ayn al-Hayat, 46-47
Akroyd, Annette, 42, 43
Aliança Global por Fogões Limpos da ONU, 84
alienação, 19
al-Sha'arawi, Huda, 44-47
An African City (série de TV), 162
Anglobalização, 122

Anistia Internacional dos Estados Unidos, 21-22, 227, 257
Anthony, Susan B., 27
antirracismo, 86
apagamento, 71-72, 75, 77, 79, 80. *Ver também* políticas, apagamento de
apropriação, 230
Arábia Saudita, 107, 127, 134
As mulheres muçulmanas precisam realmente de salvação? (Abu-Lughod), 118
Assembleia Geral da Convenção das Mulheres de Indiana, 232-233
Assexualidade, 147-149
Associação Americana de Mulheres Universitárias (AAMU), 239-241, 242
Associação das Mulheres Indianas, 50
Associação Nacional de Estudiosas Mulheres (NWSA), 243-244, 253-254
ativismo antiestupro, 175
ativismo, 48, 62, 175-76. *Ver também* sufrágio
aula
  Bell, 35-36
  e a Marcha das Mulheres, 255-256
  e fogões limpos na Índia, 95
  e igualdade de gênero, 85
  e liderança feminista, 18
  e supremacia branca, 23

padrões acadêmicos, 144-145
reconhecimento/redistribuição, 251-253
Zakaria como advogada, 246-247, 250-251
Ver também pobreza
austeridade, 250
autopreservação, 228

Banco Mundial, 84, 90-91
Bangladesh, 93
Barker, Kim, 131
Batliwala, Srilatha, 87, 93
"Bazar Global", 56, 63
Beauvoir, Simone de, 66-71, 77-80
Bell, Gertrude, 35-39, 43, 44
Bernard, Bayle, 40
Bethune, Mary McLeod, 64-65
Bewah, Kally, 169-170
Black Lives Matter, 105, 182, 239
Blackburn, Helen, 47-48
Blair, Tony, 265
Bland Fanatics (Mishra), 118
Bolívia, 98
Bose, Christine, 225
Bowley, William, 196
branquitude
    das ONGs, 103-104
    e desequilíbrio no feminismo, 26-27
    e feminismo branco, 10
    e interseção entre as mulheres, 225-229
    e o termo "mulher", 79
    e supremacia branca, 269
    e trauma, 19
    exposta por solidariedade, 72, 244-245, 261
    expulsar, 10, 246, 261-262, 273
    no centro, 31-34, 41, 44-45, 76-77, 230

sem intenção, 25
vs. feministas brancas, 261, 269-270
bravura, 136
Brown, Helen Gurley, 157-58, 160, 264
Brown, Wendy, 93
Bruce-Raeburn, Angela, 104
Burke, Tarana, 176
Bush, George W., 118, 119-121

Cadesky, Jessica, 128
Canadá, 128-129
Capitalismo
    dominância do, 224-227
    e consumidoras feministas, 152-153, 154-155, 156-158
    e empoderamento, 90-93
    e partidos políticos, 264-265
    e sexualidade, 148, 177-179
    Política Sexual (Millett), 155
    Ver também individualismo
casos de direitos civis, 245-248, 248-251
Centro de Detenção do Condado de Irwin (ICDC), 215-216
ceticismo epistemológico, 70-71, 76, 77, 80-81, 86
Chambers, E. M., 169-170
CIA, 73, 77, 150. *Ver também* Guerra ao Terror e feminismo
cigarros, 153-154
cirurgia plástica, 207
Clement, Marguerite, 44-46
cobrir. *Ver* véus
Cocanco, Cesar, 98
Código Penal Francês Napoleônico, 203
Cohn, Bernard, 189
Colômbia, 89

colonialismo
  Código Penal Francês Napoleônico, 203
  cortes, 199
  e Austen, 27
  e culpabilização da vítima, 169-170
  e privilégio branco, 35-36, 37-39, 113
  e relações sexuais, 165-170
  etnografia, 189, 287n2
  superioridade imperial, 36, 41-42, 189-196
  vs. sufrágio, 48-30
Combate ao Extremismo Violento (CVE), 117, 120, 123
Comitê de Liberdade Artística e Intelectual, 73-74, 76
Comitê pelo Direito ao Voto de Southborough, 50
Companhia das Índias Orientais, 199
complexo do salvador branco
  adoção de bebês de cor, 171
  apagando pessoas de cor, 32-34
  como distração/cobertura, 94, 99-100, 106
  consultas, 61, 95, 98, 101, 213
  dispensando agitação política (*ver* políticas, apagamento de)
  e gratidão, 47
  e MGF, 208-209, 210-212
  e sati, 198
  em sala de aula, 231-232
  empreendedorismo das galinhas, 97-98
  fogões limpos na Índia, 83-84, 92, 95-96
  Guerra ao Terror e feminismo, 115, 116-121, 131
  homens brancos *vs.* homens de cor, 25, 106, 117
  Promover no Afeganistão, 101-102
  racismo, 103-104
  sistemas de abrigo, 18
  visão geral do complexo industrial da ajuda humanitária, 102-103
  Ver também superioridade imperial; sufrágio; ideias ocidentais
complexo industrial da ajuda humanitária, 103-104, 117. *Ver também* complexo do salvador branco
Conferência Pequim +25, 107
consciência, 230
consumismo, 148-149, 179-180, 263-265
Cook, Joana, 112
Couric, Katie, 134
Couzins, Phoebe, 61
Crenshaw, Kimberlé, 78, 222-225, 244, 260
crime de ego, 188
crimes de honra
  como intervenções coloniais, 198-199
  definição, 187-188
  e educação, 89
  e Ordenança de Qisas e Diyat, 200-201
  e violência doméstica ocidental, 203-204
  leis jordanianas, 202-203
  palestra de Zakaria, 232-234
  suposições, 188
criminalização, 166, 189-192, 195
culpabilização da vítima, 169-170

cultura, 100, 206-207, 206. *Ver também* complexo do salvador branco

DAWN (Mulheres por um Desenvolvimento Alternativo para uma Nova Era), 85-86, 88
Deportação, 216
Desai, Shivani, 240
desenvolvimento internacional. *Ver* complexo do salvador branco
Desenvolvimento, crises e visões alternativas: perspectivas das mulheres no terceiro mundo (Sen), 85
desigualdade da riqueza, 104-105. *Ver também* pobreza
desobediência civil, 48. *Ver também* ativismo
Dia Internacional das Mulheres, 73-77
Dingle, Sherill, 240
direitos reprodutivos, 107, 208, 217
dois pesos e duas medidas, 188-192, 203-204. *Ver também* racismo
Douglass, Frederick, 27, 60

É isso que eu faço (Addario), 134
economia, 90-94, 96-98. *Ver também* capitalismo
Egito, 45
empatia, 20-21, 25
empoderamento
  componentes essenciais, 262
  cooptação (visão geral), 262
  cooptação e consumismo, 155-156, 157-158
  cooptação e cultura queer, 178-180
  cooptação e foco econômico, 90-94, 96, 107
  cooptação e políticas de apagamento, 88-89, 97
  cooptação e recrutamento de mulheres muçulmanas, 151
  na Índia, 84-85, 87-88
  vs. poder, 86
  Ver também feminismo pró-sexo
empreendedorismo, 97-98, 102
Ensler, Eve, 41
escravidão, 70
essencialização, 66-70
Estado, 111-112. *Ver também* Guerra ao Terror e feminismo
estereótipos, 67, 70, 170-171
etiqueta, 45-46
exames ginecológicos, 168, 215
Excellent Daughters (Zoepf), 136-138
experiência, 19-21, 27-28, 262
expertise, 21-23, 28
exploração, 131-132, 134-136
exportação de armas, 127-128
Exposição Universal de 1983, 59-64
extrema pobreza, 249
Eyben, Rosalind, 94

Farooqi, Salma, 125
Fawcett, Millicent, 48
feminismo das "Garotas Cosmo", 158, 178, 264
feminismo de escolha, 183-184
feminismo pró-sexo
  como uma "descoberta" das mulheres brancas, 163-165
  e academia, 144, 147-149
  e consumismo, 153-154, 155-156, 176-177
  e feminismo de escolha, 184

    e história colonial, 165-170, 189-192
    e interseccionalidade, 180
    e performance, 106-147, 148, 176-177
    e trabalhadoras amigáveis para as empresas, 156-160
    na Índia, 165
    programas de TV, 161-163
    Revolução Sexual, 152-155
    trabalho de conclusão de Zakaria, 173-174
feminismo
    armadilhas, 271, 272
    artigos na academia, 174
    capitalização das amizades do, 131-138
    ceder para feministas brancas, 229, 257-258, 271
    como falha, 205
    dar as costas ao feminismo, 263-264
    de acordo com a branquitude, 10-11, 26, 150, 229-231, 232-234, 244
    de gotejamento, 96-97, 121
    demonstrar gratidão, 47
    desequilíbrio no, 26-27
    desvantagem em relação aos homens, 24
    discutir, 269-272
    divisões no, 17-19
    e a Marcha das Mulheres, 254-256
    e Beauvoir, 66-69
    e capitalismo, 263
    e estrutura de ondas, 259
    e experiências / histórias, 19-21, 28-29, 262
    e homens de cor, 25-26, 85, 106, 116
    e interseccionalidade, 79-80 (*ver também* interseccionalidade)
    e interseccionalistas brancas, 10
    e mudanças estruturais, 258-259
    e mulheres brancas no comando, 75-78, 79, 257-258
    e perspectivas do trauma, 21
    e pobreza, 249-251, 253-254
    e recursos, 18
    e sexualidade, 180-181
    e votar, 63-64 (*ver também* sufrágio)
    eliminar a branquitude, 10, 246, 260-261, 272
    estado servil (*ver* Guerra ao Terror e feminismo)
    Feminist Majority Foundation (FMF), 238-242, 244-246
    feministas que falharam, 79-79
    feministas VIPs, 77-78
    feministas / mulheres de cor e acesso a fundos, 216
    igualdade de classe e gênero, 85
    Índia séc. XIX, 43-44
    influência das mulheres de cor, 28-29
    ligação, 84
    mulheres de cor se virando contra, 263-264
    no Irã, 73-78, 80
    oprimido, 34-35, 37-41, 95-96, 99
    papéis de liderança, 105-106
    papéis no feminismo branco, 256
    política estrangeira feminista, 126-128

raça e sufrágio (*ver* sufrágio)
solidariedade, 70-77, 80, 218-219, 260-263, 263-264
tornar a branquitude visível, 72, 244-245, 260
uso das feministas brancas, 53-57, 63, 232-233
Ver também mulheres específicas / países
feministas brancas
a outridade de Beauvoir, 66-69
branquitude não intencional, 26
como feminismo de fato, 80
definição, 10
e estrutura de onda, 259-260
e posições de poder, 19-20
Millett no Irã, 76-80
no comando, 76-79, 80, 257-258
reconhecendo feministas de cor (*ver* reconhecimento)
valores, 131
vs. branquitude, 261, 269-270
Ver também sufrágio
Ferguson, Niall, 122
festivais do Orgulho, 179
fetishização, 54-57, 63-64
filosofia, 66-67
fogões, 83-84, 92, 95-96
Fortson-Washington, China, 237-238, 239
fotografias, 98, 99-101
Four More Shots Please (série de TV), 164
fragilidade branca, 45-47, 259
Fraser, Nancy, 251-252, 258
Freeland, Chrystia, 128
Friedan, Betty, 70
Gana, 208, 234
Ghani, Rula, 101-102

Goldberg, Michelle, 177
Grã-Bretanha, 165-167. *Ver também* colonialismo
Gratidão, 47
Guatemala, 172
Guerra ao Terror e feminismo
agentes duplos, 114-115, 122-125
complexo do salvador branco, 115, 116-121, 131
e soldadas, 113-114
e Steinem, 150
e torturadoras, 109-111
Fundação Maioria Feminista, 239
jornalistas, 130-138
linguagem ambígua, 125-127
mulheres muçulmanas envolvidas, 150-151
visão geral, 111-113
Gupta, Kristina, 147

Her Honor (Quraishi), 173
Heteronormatividade, 148, 157
hierarquia da supremacia branca, 113
Hills, Rachel, 178
histerectomias forçadas, 214-216
histerectomias, 241-216
Hodzic, Saida, 208-209
homens brancos, 26, 40, 40, 85, 106
homens
"O sonho da sultana" (Hossain), 44
complexo do salvador branco, 25, 40, 106
de cor, 25, 40, 85, 106, 113
e feminismo *mainstream*, 24
Hong Kong, 168
Hossain, Begum Rokeya Sakhawat, 44

ideias ocidentais
    Beauvoir na Ásia, 69-70
    e direitos das mulheres no Iraque, 121
    igualdade em espaços profissionais, 85-86
    indivíduo como empreendedor, 97-98
    Millett no Irã, 75-78
    seminários de liberação sexual, 149
    troca, 92-93
    Ver também outridade; complexo do salvador branco
Iêmen, 129, 134
ignorância do sul global. *Ver* complexo do salvador branco
igualdade de gênero, 99, 110. *Ver também* Guerra ao Terror e feminismo
Imperialism and Its Forms of Knowledge (Cohn), 189
imperialismo feminizado, 42. *Ver também* superioridade imperial
imperialismo. *Ver* imperialismo feminizado; superioridade imperial
Índia
    assassinato de Bewah, 169-170
    complexo da salvadora branca das sufragistas, 40, 41-43, 47-49, 68
    DAWN e empoderamento, 86-88, 93-94
    e relações sexuais, 163, 164, 165-169
    etnografia britânica, 189
    feminismo *vs.* colonialismo, 47-49
    iniciativa dos fogões limpos, 83-84, 92, 95-96

lei britânica, 198-199
leis inglesas de aborto/infanticídio, 189-192, 288n14
sati, 192-202
individualismo, 133, 160-161, 221-222, 227, 263-264
infanticídio, 189-192, 228n14
inferioridade moral, 169-172, 180-181, 189-196, 205-206
Inside Gender Jihad: Women's Reform in Islam (Wadud), 173-174
interseccionalidade
    definição, 10, 223
    e a Marcha das Mulheres, 255
    e Beauvoir, 66-69
    e ceder espaço, 10
    e história feminista, 79-80
    e LGBTQIA+, 180
    e Millett no Irã, 78-79
    e mudanças estruturais, 258-259
    sobre, 222-225
intolerância, 68-69, 84
Irã, 39, 69-79
Iraque. *Ver* Guerra ao Terror e feminismo
islamofobia, 152

Johnsdotter, Sara, 210-211
Jordânia, 202-203
Jornalistas, 130-133

Kaplan, Robert, 118
Kier, Sophie, 73
Ku Klux Klan, 65

Labor of Love (Weigel), 158
legitimidade, 22
lei islâmica, 173, 200
Leste da Ásia, 69-70
Líbano, 138

Lindsay, Treva, 175
Lorde, Audre, 221, 224, 243, 253
Lucier, Aurielle Marie, 254
Lynch, Jessica, 114-115

mães, 169-173
Marcha das Mulheres, 254, 256-259, 263
Martin, Tess, 244
McCall, Leslie, 225
McCurry, Steven, 138
microempréstimos / crédito, 93, 99
Millett, Kate, 71-80, 154-157
Minha vida na estrada (Steinem), 150
Mishra, Pankaj, 118
misoginia, 115
Mistress of a Married Man (série de TV), 163
Moçambique, 98
modernização, 207
monogamia, 165-166
Moore contra Hughes Helicopter, 222-223
Morris, Jane Mosbacher, 122
movimento #MeToo, 176
movimento pelos direitos civis, 65
mudança afirmativa, 258
mudanças estruturais, 258-259, 269, 271-272
mulheres de cor. *Ver* feministas / mulheres de cor
"Mulheres deixadas para morrer – e o homem que as salvou" (Ensler), 31-33
mulheres hindus, 165, 167, 193-197. *Ver também* Índia
mulheres hispânicas, 237-238, 246, 248, 249-251
mulheres latinas, 171, 216
mulheres muçulmanas

e ideias do feminismo branco, 150
e sexo, 145-146, 150
e véus, 25, 73-75, 181, 232
trabalho de conclusão de Zakaria, 172-173
Ver também Afeganistão; crimes de honra; Guerra ao Terror e feminismo
mulheres nativo-americanas, 171, 176
Mulheres negras
como trabalhadoras essenciais, 255-256
e Beauvoir, 67-68, 69
e interseccionalidade, 222-225
e o ativismo antiestupro, 175
e o movimento de direitos civis, 66
e organizações feministas, 237-239
e pobreza, 249
e Trump, 256
estereótipos, 170-171, 180-181
Feira Mundial, 61
na Marcha das Mulheres, 253-254
votando, 64-65
mutilação genital feminina (MGF), 205-212

Nações Unidas, 83-84, 92, 94, 105. *Ver também diversas organizações, iniciativas*
Naidu, Sarojini, 48
Namíbia, 168
não monogamia, 165. *Ver também* feminismo pró-sexo
não ver cor, 24-25, 254-255, 256
Napier-Moore, Rebecca, 94
neoimperialismo. *Ver* complexo do salvador branco

neoliberalismo, 93, 265. *Ver também* capitalismo
nomes, 231
Nordland, Rod, 133

O livreiro de Cabul (Seierstad), 132-133
O Segundo Sexo (Beauvoir), 66-69
objetividade, 22
Of Love & War (Addario), 135
ONGs (Organizações Não Governamentais), 90-91, 102-104, 107, 208-209, 265. *Ver também* desenvolvimento internacional
Operação Limelight, 211-212
Ordenança de Qisas e Diyat, 200-201
Organização Nacional das Mulheres (NOW), 118, 237-239, 242-243, 244-245
outridade
"Bazar Global", 54-57, 64
Beauvoir, 67-69
e complexos do salvador branco, 32
e opressão dos outros, 25-26, 80 (*ver também* superioridade imperial)
em um bar de vinhos em Manhattan, 13-14, 17, 23
Exposição Universal de 1983, 63
fala de Zakaria sobre crimes de honra, 232-234
histórias *vs.* poder, 19-22
violência doméstica, 203-204
vs. solidariedade, 263
"O desenvolvimento internacional tem um problema racial" (Bruce-Raeburn), 104
"O sonho da sultana" (Hossain), 44

Palmer, Bertha, 60-61
pandemia de Covid-19, 255
Paquistão, 89, 111, 123-126, 134-135, 145, 173, 177, 200, 237, 254. *Ver também* Guerra ao Terror e feminismo
patriarcado
e Estado, 111
e mulheres brancas, 225-228
e sati, 197
Exposição Universal de 1983, 62
Política sexual (Millett), 71, 154-155
performar
"Bazar Global", 55-56
consciência, 230-231
e abertura sexual, 146-147, 148, 176-177, 180-181
e álcool, 13-14
editar histórias, 16, 22-23
persian Pictures (Bell), 38
pessoas judias, 67-68
pessoas LGBTQIA+, 148, 179-181, 238, 256
pessoas negras, 59-60, 61, 66-68, 287n2
pessoas transgênero, 165, 254. *Ver também* pessoas LGBTQIA+
pobreza, 89-90, 99, 245, 248-250. *Ver também* complexo do salvador branco.
Pode o subalterno falar? (Spivak), 26
poder
do complexo industrial da ajuda humanitária, 103-104
e outridade, 19-22, 58
e formas tradicionais, 84
na academia, 233
pelo privilégio, 35, 75, 76, 77

posições das feministas brancas, 19-22, 231
vs. empoderamento, 86
vs. meios de subsistência, 262
Polícia de Imigração e Alfândega (ICE), 211-214
polícia, 16
Política sexual (Millett), 70-71, 154-155
políticas radicais. *Ver* ativismo; Millett, Kate
políticas, apagamento de
   desenvolvimento internacional, 87-90, 97, 100, 104
   e sacrifício no feminismo, 183-184
   mulheres afegãs, 122-123
   política externa feminista canadense, 127
   sufragistas inglesas, 40
   visão geral, 27, 263-266
pontas, 80
posturas reacionárias, 269-271
Powar, Soonderbai, 43
precariedade, 145
Prevenção da Violência Extrema (PVE), 123
primeira onda feminista. *Ver* sufrágio
privilégio branco
   e a mitologia do esforço próprio, 221-222, 227
   e colonialismo, 34-35, 36-38, 112
   e escolha, 184
   e feminismo que não vê cor, 24
   examinando, 225
   Millett no Irã, 75-79
   organizações feministas, 239-241
programa de galinhas da Fundação Gates, 34, 97-98
Programa de Trabalhadoras da Saúde, 126
Promover, 101-102
Prostituição, 167
protestos em Memphis, 175
publicação, 43

"Quit India Movement", 48
Quraishi, Asifa, 173

racismo reverso, 255
racismo
   e ceticismo epistemológico, 80
   e igualdade nos espaços profissionais, 85
   e ONU, 105
   e o complexo industrial de ajuda humanitária, 103-104
   e o sufrágio, 37-40, 47
   e organizações feministas, 237-243, 253-254
   e reconhecimento, 225
   exames ginecológicos compulsórios, 209-210, 212, 213
   Exposição Universal de 1983, 62-63
   reconhecer, 271
   Ver também colonialismo; dois pesos e duas medidas
Rahman, Momin, 225
rainbow-washing, 180-182
Ramabai, Pandita, 43
Rau, Dhanvanthi Rama, 49
rebelião *vs.* resiliência, 24-25
reconhecimento, 25, 77-78, 225, 251-252, 259
recursos, 18
Redistribution or Recognition (Fraser), 251
República Democrática do Congo, 31-32

Revolution from Within: A Book of Self-Esteem (Steinem), 161
Rich, Adrienne, 147
riqueza racializada, 103-104
Rubin, Alissa, 130

Saad, Layla, 229
Sati, 193-197
Satthinadhan, Krupabai, 43
Save the Children, 124, 126
securo-feminismo, 117, 117-119. *Ver também* Guerra ao Terror e feminismo
segunda onda do feminismo, 71, 156
Seierstad, Åsne, 132
Sen, Gita, 85-86, 106-107
Senegal, 163, 164, 207
Sex and the City (série de TV), 162-164, 181
Sex and the Single Girl (Brown), 157
sexo, 72
Sexo-sociedade, 148, 178-179. *Ver também* sexualidade compulsória
sexualidade compulsória, 147, 148, 149, 177, 179
Shook, Teresa, 254
Shulman, Alix, 71
sinalização de virtude, 33-34, 129. *Ver também* complexo do salvador branco
Síria, 135-139
Smeal, Eleanor, 119, 240-242, 243
Smith, Courtney, 206, 206-209
solidariedade, 261-264, 273-274
soluções tecnocráticas, 266
Spivak, Gayatri Chakravorty, 26-27, 106, 197
Steinem, Gloria, 77-78, 119

Stopes, Charlotte Carmichael, 47
subalterno, 26
Suécia, 127-128, 210-211
sufrágio
  celebração, 65-66
  e Bell, 35-36
  e racismo, 36-40, 47-48
  e Sojourner Truth, 223-224
  Exposição Universal de 1983, 57-60
  vs. luta contra o colonialismo, 47-48
superioridade imperial, 34-35, 36-44, 68-69, 75-76, 189-132. *Ver também* complexo do salvador branco
supremacia branca, 923, 26-27, 116, 120
Symons, Emma Kate, 255

Taylor, Harriet, 37
terceira onda do feminismo, 156-157
"The Enfranchisement of Women" (Taylor), 37
The Taliban Shuffle (Barker), 135
Todd, Bridget, 254-255
tokenismo, 227, 240
tortura, 109-110
trabalhadores esseciais, 255-256
trauma
  aversão ao, 19-20
  e casos de direito civil, 248
  histórias de, 22, 31-32, 80, 233, 248
tribunais Qazi, 189, 198, 200
Trump, Donald, 107, 206, 214, 240-241
Truth, Sojourner, 263

Uma repórter em apuros (filme), 130-131

universalização, 10, 225-226, 230, 255, 260-261

vacinações, 124-125
valor, 91-92
Van Pelt, Toni, 239, 243
Verne, Jules, 197
vestuário, 42-43, 92-93, 104, 106
véus, 45, 73-74, 182
violência contra mulheres, 130. *Ver também* violência doméstica
violência doméstica, 15-16, 17, 197-188, 203-204, 218
visitas zenana, 38
votar, 64-65. *Ver também* sufrágio

Wadud, Amina, 173-174
Wallström, Margot, 127
Walzer, Michael, 152
Weeks, Monica, 237-238, 239
Weigel, Moira, 158
Wells, Ida B., 60, 62, 175

xá do Irã, 73-74

Zakaria, Rafia
    artigo sobre sexualidade compulsória, 176-177
    Assembleia Geral da Convenção das Mulheres de Indiana, 232-234
    bar de vinhos em Manhattan, 13-14, 17
    como advogada, 246-249, 250-251
    e a verdade sobre dificuldades, 19-20, 17
    e feira de arte feminista, 53-57, 61
    mulheres na família, 24-25
    na Anistia Internacional dos Estados Unidos, 228, 229, 257-258
    objetivo do livro, 269-273
    rejeição às ondas feministas, 259
    seminário de liberação sexual, 143-146, 148-150
    sobre, 14-16
    trabalho de conclusão da graduação, 173-174, 185
    violência doméstica, 187
"Women and Islamic Militancy" (Zakaria), 151-152
"Who Defines Mutilation?" (Smith), 206
Zoepf, Katherine, 135-138

1ª edição	OUTUBRO DE 2021
impressão	SANTA MARTA
papel de miolo	PÓLEN SOFT 70G/M²
papel de capa	CARTÃO SUPREMO ALTA ALVURA 250G/M²
tipografia	META SERIF